日本文化に何をみる？

日本文化に何をみる？

ポピュラーカルチャーとの対話

東谷 護＋マイク・モラスキー＋ジェームス・ドーシー＋永原 宣

editorialrepublica
共和国

はじめに

本書のタイトルに掲げた「日本文化」という文字を目にして、何が思い浮かんだだろうか。

茶の湯、能、歌舞伎といった、伝統という言葉で括ることができる何かだろうか。あるいは近年、海外発で話題となったクールジャパン、さらにはカワイイなどといったカタカナであらわされる何かだろうか。本書の著者名に目をやると、漢字とカタカナが入り交じっているし、サブタイトルには「ポピュラーカルチャー」なる文言が躍っていることから、後者のクールジャパン系のものと思われた方もいるかもしれない。

たしかに著者四名の共通点として、それぞれの研究対象には日本のポピュラー音楽があげられる。しかしながら、カワイイなどの流行りものの現代文化論を扱っているのではないか、とは推測しないでほしい。本書は、ポピュラーカルチャーを研究対象に、日本文化を考究する新たな視点の獲得を目指したものである。

著者たちの生活基盤などの背景は、巻末の略歴をみていただければわかるように、東谷とモラスキーの二人が日本の東京都二十三区内にある大学に職を得ており、ドーシーと永原がアメリカ東海岸にある大学に職を得ている。もう少し詳しく紹介すると、東谷が日本の教育を大学院博士後期課程まで受けているのに対して、永原は高校からアメリカンスクールに通い、大学からモラスキー、ドーシー同様に、アメリカで過ごしてきた。二十一世紀に入ってから、この十五年ほどのライフスタイルとしては、ドーシーは日本で学ぶ予定の学生たちを引率するという授業の一環として、一年のうち少ない年でも三分の一は、日本で過ごしている。おそらく四人のなかで、一番デラシネ（根無し草）感が強いかもしれない。モラスキーはまだ羽田が国際空港としての玄関だった一九七〇年代に初来日し、東京の下町と呼ばれている地区で留学生活を送った。もしかしたら後に彼が著す居酒屋論の原点もこのあたりにあるのかもしれない。

こんなふうに、育った環境の違う四人が、現代日本文化をこれまでとは違う、たとえば日本と海外という二項対立的な図式に回収されてしまうようなものから脱却した、何かしらの新たな視点を以て研究したいという想いが交差することによって、本書を世に送り出すこととなった。

第Ⅰ部では、各々の問題関心から新たな日本文化研究を構築するための、野心的な論文が提示される。第Ⅱ部では、第Ⅰ部で提示した論がどのような背景の下に生まれたのかを講演したシンポジウムの内容を読みやすく改稿したものが提示される。

本書が議論の叩き台となって、日本文化に関わる研究が発展するならば、これに勝る喜びはない。

著者を代表して　東谷　護

目次

I

ポピュラーカルチャーとの対話

第一章

女子プロレスラーはいかにマイクを持つに至ったのか

東谷護

はじめに

ある本をはじめて書店で手にとったとき、僕らはどこに視線を注ぐのだろうか。その本を書き著した人の氏名、あるいは略歴やタイトルか。いや、出版社や定価に注目しているのかもしれない。そうこうしているうちに、目次を見て、本に書かれている大方の内容を把握していることだろう。本に限らず、新聞記事や広告のチラシを読むときにも、小見出しや太字をたよりに読みながら、次に何が書かれているかを推測していることが多いのではないだろうか。

文章作法として「起承転結」「序論・本論・結論」といった定型を教室で教わる。この定型は書くためだけの技術ではなく、読むためのものであることは言うまでもない。話すときにも聞くときにも、この作法は重要だ。僕らは意図せずともこのルールを実践している。その実践は「読む・書く・聞く・話す」といった日常生活で欠かせない行動にとどまらず、多方面で行われていると言ってもよいだろう。

音楽を例にとってみよう。流行り歌ならば、イントロ－サビ－エンディングというパターンが好例としてあげられる。西洋古典芸術音楽、いわゆるクラシックならば、音楽社会学の業績を残したTh.・W・アドルノが指摘した、音楽の聴き方の基本は楽曲の構造を味わうべきだ、という構造的聴取などが好例と言えよう。楽曲以外にも目を向けてみれば、コンサート、音楽会についても同様である。両者ともに、定められた日時、会場において開場時間とともに観客を迎え入れ、開演時間がくれば場内に注意事項がアナウンスされる。会場の電気が落ち、コンサートなり音楽会なりの幕が開く。一定の時間が過ぎると、最後の楽曲が演奏され、歌手や演奏者がステージを去る。客席では、アンコールを求めて、ホールに拍手が鳴り響き、「見られる者たち」は本日最後の演奏を始める。演奏が終わり、始まる前と同じような照明に戻り、観客は席を立ち、出口に向かう。こうした一連の流れを、観客は最初からわかっており、次に何が起こるのかも大方予想がついている。

定型を上手に利用した例として、落語における出囃子に目を向けてみたい。現代において出囃子(1)は、噺家を高座にあげると同時に観客にこれから落語が始まることを効果的に告げる働きをなすものである。また、出囃子は噺家によって、違うものが使われている点も興味深い。出囃子がたんに落語の開始を告げる合図として用いられるならば、同じものを使えばよいのである。だが、個々の噺家に存在する出囃子は、誰が高座にあがるかを明確にするものであり、他の噺家との差違化をはかるものでもある。さらに、出囃子によって噺家の個性を端的に表すこともできよう。

ここまで述べてきた音楽にしても落語にしても、演者と観客の間に「見る－見られる」という強固な関係性が存在している。しかも、「見られる」側は職業としている者、すなわちプロである。「見る」側は素人、すなわちアマチュアである。冒頭で示した書籍についても「読まれる」側は商品としての作品を読まれるという点においてプロであり、「読む」側は商品を購入する消費者であり、少なくとも作品に関わるプロとは言えないだろう。

プロとアマチュアという区分けについて、職業としているか否かという点に求めることは簡単にできよう。だが、はたしてそれだけであろうか。プロは誰か他者に対して「見られる」ことを意識して、自分の仕事をしているという側面があると言えないだろうか。もちろん、アマチュアのグループが演奏会なりコンサートなり寄席なりを開催し、プロと同じようなことをしているのではないかという反論の声があがるかもしれない。だが、これらはプロの模倣をしていると考えれば、この疑問は解決するだろう。少なくとも「見られる」という意識がなかったならば、たとえば演奏会で着るコスチュームは必要ないだろう。

定型についてすでに言及したが、「見られる」側は定型を上手に利用し、「見る」側に自然と規則性を浸透させている。つまり「見られる」側は「見せる」側でもあるのだ。上手に「見せる」、すなわち仕掛けることが上手くなければ、「見る」側に相手にされない。仕掛けるときに、音楽を使うことは多いと言えよう。プロレスにおいても、レスラーは試合を「見せる」ことがメインではあるが、会場に入場しリングに上がるまでに、音楽を上手に使うことが多い。

本稿では、プロレスと音楽はどのように結びついているのか、ということについて女子プロレスを中心に歴史的な側面を検証することによって、プロレスが芸能であり、「見せるもの」であることを確認し、レスラーがマイクを握って歌うことはいかなる意味をもつのか、ということを検討したい。

一、娯楽ショーからテレビ・ショーへ

日本の男子プロレスは、力道山の尽力によって花開いたとされている。朝鮮戦争が勃発した一九五〇年（昭和二十五年）に力道山は大相撲の力士を廃業し、翌々年渡米し、帰国後の一九五三年に日本プロレス協会を設立した。一九五四年二月には日本初のプロレス国際試合が行われた（亀井 2000:31）。この時期の女子プロレスも日本のプロレス史上では黎明期にあたる。日本で初めて女子プロレスの興行をおこしたのは、ボードビリアンのパン猪狩、ショパン猪狩兄弟らであった。彼らが進駐軍の米軍キャンプ内で行ったショー[2]が女子プロレスの日本での興行の発端である（滝 1986）。男子と女子とでは、時期を同じくして黎明期ではあったが、その実態は違うものであった。だが、いずれもアメリカから影響を受けたという点では同一であり、着目しておきたい。ここでは、女子プロレスが進駐軍と関係が深かったという点に目を向けてみよう。

一九四五年（昭和二十年）の敗戦によって、日本は連合国軍、実質的にはアメリカ合衆国の占領下となった。占領期は一九五二年のサンフランシスコ講和条約発効までの約七年であった。終戦後まもなく、アメリカはダグラス・マッカサーを連合国軍最高司令官として日本に赴かせるとともに、東京、横浜を中心に日本各地で建物、土地、軍施設等を接収した。接収された場所は日本人の立ち入りが禁止され、オフリミットと呼ばれた。このオフリミットは、米軍基地、キャンプ、米軍人の居住地、米軍関連の施設等に早変わりした。全国に「アメリカ」という特異な空間が現れたので

ある。この「アメリカ」には、軍人のための娯楽施設も設けられた。これがクラブである。進駐軍クラブの代表的なものは[3]、OC（Officers Club、将校クラブ）、NCO（Non Commissioned Officers club、下士官クラブ）とEM（Enlisted Men's club、兵員クラブ）の三種類であった。これらは軍人の階級によって区別されていた（東谷 2005:8-9）。

クラブでは、客に食事や酒の他に、バンド演奏やショーを提供することが多かった。日本人立ち入り禁止とはいえ、許可がおりた者は日本人であってもオフリミットに出入りすることができた。それはクラブに勤める従業員とクラブで催されるエンターテインメント関係者たちであった。

クラブで要請された芸能については、占領期が終わった後に調達庁が刊行した報告書において以下のような指摘がされている。

> 占領軍の要求に基き役務（サービス）の一種として提供された芸能の範囲は、われわれの常識よりはるかに広範囲にわたるものである。すなわち、軽音楽、クラシックの洋楽、歌、踊、奇術、曲芸、ついで、柔・剣道、薙刀、空手のいかめしいものから、ボクシング、レスリング、ピンポン等のエキジビション・ゲームがあり、さらに、歌舞伎、オペラ、文楽、人形造り、木版、スケッチ、生花、点茶、雅楽から、変わったところでは手相・人相。骨相観としてのいわゆるフォーチュンテラー（Fortuneteller）の派遣、十二単衣（古代衣裳）のショウ、模擬結婚式の実演等の提供までも行われたのである。（占領軍調達史編さん委員会事務局 1957:5-10）

多種多様な芸能が提供されたが、とりわけその数が多かったのはバンド演奏である。

提示した報告書の筆頭にあげられている軽音楽とは、バンドによるジャズ演奏やアメリカで流行っているポピュラーソングを歌手が歌うことであった。他にも色物と呼ばれたショーがあり、その種類も多彩であった。月刊のジャズ新聞の編集長である内田晃一が作成した「米軍ショーに登場したショー・アーティスト」という一覧表を以下に提示しておきたい。

タップダンサー、マジック、カートン（ジャズ漫画）、コマ曲芸、人間ポンプ、アクロバット、ジャグラー、曲芸、鉄棒、自転車、パペット、コミック、指笛、ハーモニカ、マリンバ、コミック、日舞、音曲。（内田 1997:2）

これらのショーには、ほとんどといってよいくらいバンド演奏がついた。バンドがショーにあわせて音を奏でたのである。米軍クラブに芸能者を仲介した業者のなかでも、大手の一つであったGAYカンパニーの社員は、クラブからバンドや歌手の仕事を手にするのと違って、ショーについては仕事を貰うのに苦労した（東谷 2005:78-80）。これはバンド演奏と違ってクラブ側の要請が少なかったことに起因する。だが、クラブ側に気にいられ、専属契約を結ぶことができれば、安定した収入を得ることができたのである。なお、当時の芸能者が手にした金は、普通の日本人が働いて手にした金より遙かに高額なものであった（東谷 2005:54-56）。だからこそ芸能者は仕事を得るために凌ぎを削った。

こうした状況において、先述したボードビリアンのパン猪狩、ショパン猪狩兄弟らも仕事獲得のために努力したことは容易に想像がつく。彼らは、アメリカでプロレスがショービジネスとして成功をおさめており、専門雑誌の『リング』が刊行されていたという情報を東京郊外の立川にあった米軍基地関係者から耳にする。この情報を手に入れると、雑誌を取り寄せ、それを翻訳してもらい、プロレスの概要をつかみ(亀井2000:31-35)、自分たち流にショーを構成する。当時のショーについて、ショパン猪狩は次のように振り返っている。

ステージでは最初、妹と二人でボクシングやってるの。兄はレフェリーでね。オレがコテンパンに妹にやられてフラフラ。よおし、そんならレスリングで、というショーで、後は妹にぶん投げられて〔……〕米兵は大喜び　(亀井2000:32)

これは明らかに進駐軍キャンプで観客の米兵を相手にしたショーであることがわかる。おそらく、こうした下品だと注意をされそうなショーの内容からみて、階級が下の兵士を対象としたEMクラブで催されたものだと思われる。

周知の通り、占領期が終わると接収地が相次いで日本に返還されたが、すべてが返還されたわけではない。アメリカは駐留軍として残り、引き続き各地にオフリミットという特殊な空間が存在した。占領期当時よりは接収面積も減少したため、それにともなってクラブの数も減った。進駐軍クラブに出入りしていた仲介業者や芸能者は、クラブ減少によって引き起こされた仕事の減少を補うために、オフリミットの外へ目を向けた。つまり日本人向けにショーを興行することを考え始めたのである。もちろん、占領期から米軍にとどまらず、日本人向けにも興行を打ってきた芸能者もいた。彼らにしても、占領期終結後は、日本人向けの興行に力をそそいだのである。[4]パン猪狩、ショパン猪狩らもオフリミットの外での興行に力を入れた。ショーが催された会場は、ナイトクラブやストリップ劇場であった。こうした経緯を経て日本の女子プロレスの歴史が刻み出されたのである。

同時期の男子プロレスとは性質を異にするものであると民俗学者の亀井好恵は次のように指摘する。

男子プロレスは、その始めからただの喧嘩マッチではなかった。プロレスは「見せるスポーツ」としてアメリカではすでに認知、理解されていたスポーツショーで、力道山が修行してきたのはその見せ方だったといっていい。見せ方を心得た興行と、形ばかりをまねたものとでは、観客の気持ちをつなぎ止めることができるかどうかは最初から勝負にならなかった。

一方、ストリップガーター争奪戦と評されたような、女子プロレスを性的見世物としてとらえる楽しみ方にしても、「まがい」のことばが暗示するようにストリップショーのような徹底した見せ方をしていたわけではない。プロレスとしてもストリップとしても、中途半端な位置に女子プロレス興行は置かれていたと考えられる。

（亀井 2000:43）

亀井のこの指摘には、男子プロレスのあり方が正典（canon）であることと、既存のショーを基準にしていることが読み取れる。両者について少しばかり検討してみよう。力道山が先頭となって引っ張った男子プロレスの根底にはアメリカ流のスポーツショーという精神があり、力道山たちの男子プロレスでは日本人観客向けに見せ方を工夫したと亀井は指摘し、それに対して形ばかりをまねた女子プロレスでは比較の対象にならないと結ぶ。だが、両者を同格にして論じるには少々事情が異なるのではないだろうか。

女子プロレスの端緒はオフリミット内にあった進駐軍クラブで行われたショーである。観客は米兵、おそらくそれはEMクラブを贔屓にした若者や下級兵士であったことを忘れてはならない。EMクラブでは、喧嘩は絶えず、それを取り締まることを専門とした者がおり、場合によってはMPが取り押さえにやって来たほどだったのである。このような観客を相手に、しかも仕事を得るためにはそれ相応のショーを見せることが芸能者にとって重要なことだったと言えよう。すでにストリップはクラブのショーにおいて定番であった。パン猪狩らには、性的見世物という意図があったか否かは別にしても、少なくとも人気のあったショーとは違う、新しいものを観客に提示することが念頭にあったことは疑いない。

以上のことを踏まえると、亀井の指摘は男子プロレスを優位に考えていると言わざるを得ない。男子プロレスにしても、小柄の日本人が大柄のアメリカ人を投げて勝つことが戦後日本の大衆の心に響き、人気が出たという言説もある（リー 1986:208-209）。敗戦国民の日本人が勝利国のアメリカ人に打ち勝つことは、ゲームといえども、占領期の復興を第一に日々勤労し、高度経済成長期に入る準備をしていた大衆にとっては、自分たちの心情を投影するには力道山や男子プロレスは格好の素材だったのだ。亀井が「見せ方」と言及したが(3)、この見せ方こそ、スポーツという名を借りた、大衆心理をうまく衝いたものであったと言えよう。

いずれにせよ、男子プロレスと女子プロレスは、その見せ方がスタート時点で異なっていたことを忘れてはならないし、性急に比較するには無理が生じると言えよう。もちろん、亀井の指摘にあった「見せ方」は男子プロレスにとっても女子プロレスにとっても重要なものであったことは言うまでもない。

この「見せ方」に大きな影響力をもったものが、一九五三年(昭和二十八年)の日本初のテレビ放送である。大量複製技術の発展の代表としてテレビの登場は戦後日本の大衆文化を語る上で避けて通ることができない点については、ここで指摘するまでもないであろう。男子プロレスにおいては、力道山の勇姿がテレビジョンに映し出されることによって、プロレス人気に拍車をかけた。また、戦後を語るキーワードの一つとして力道山は外せない存在にまでなった。翻って女子プロレスがテレビ放送を通じて全国的に脚光を浴びたのは、一九七四年(昭和四十九年)のマッハ文朱のデビューまで待たなければいけなかった。力道山の頃とは違って、敗戦国日本という観客の感情を巧みに刺激することはできない。オイルショックも過ぎ、時代は確実に変わっていた。いかに「見られるもの」として、テレビというメディアを通じてお茶の間に「見せ」たのであろうか。彼女はマイクを握って歌った。試合を「見せる」だけでなく、プロレスラー歌手として「見られる」という演出をしたのである。

二、歌うレスラーは一過性なものではない

マッハ文朱は、試合会場で歌うだけにとどまらず、《花を咲かそう》というレコードを出してもいる。彼女は、一九七四年七月にデビュー戦を飾り、翌七五年にレコードデビューしている。それまでのプロレスラーと大きな違いが彼女にはあった。それ

はレコードを出したということ以前に、当時、十代に圧倒的な人気があり、歌手デビューの最短経路であった『スター誕生！』（NTV系列、一九七一年〜八三年放映）[6]というオーディション番組の決戦大会までたどり着いていることだ。この決戦大会のステージには、後にアイドル全盛時代の頂点に立つことになる山口百恵の姿もあった。その後、マッハ文朱は、少女雑誌の女子プロレスラー募集の広告を見て門を叩いた（亀井 2000:23）。山口百恵のデビューから一年後には、マッハ文朱もデビューを果たした。しかも彼女はレコードデビューをすることで大きな注目を浴びるとともに、女子プロレスも番組としてテレビ放送され、人気を得る。だが、二年ほどでマッハ文朱は引退してしまう。彼女の引退は山口百恵の引退より二年早かった。

女子プロレスを主宰した団体にとって、スターを手にいれて喜んでいられることができたのは束の間のことであった。ポスト・マッハとして白羽の矢が立てられたのは、ビューティー・ペアだった。入門してまだ日が浅い、ジャッキー佐藤とマキ上田という若手二人にタッグを組ませたのがビューティー・ペアだ。彼女たちの人気が出るまでには時間を要したが、いったん人気の火がつくとマッハ文朱を遙かに超える勢いだった。ビューティー・ペアもレコードデビューした。デビュー曲の《かけめぐる青春》は大ヒットし、女子プロレスを広く世に知らしめる働きをした。しかも歌詞には「ビューティ、ビューティ、ビューティ・ペア」というフレーズが盛り込まれ、彼らも有名になった。この曲のヒットは女子プロレスのファンを多く獲得するだけにとどまらず、女子プロレスに興味を持たなかった層に対しても、女子プロレスの存在をアピールする結果となったと言えよう。

マッハ文朱、ビューティー・ペアのレコードデビューの戦略の成功を受けて、その

女子プロレスラーがリリースした主なレコード

レスラー名	楽曲名(A面)	発売年	レコード会社	作詞	作曲
マッハ文朱	花を咲かそう	1975年	テイチク	千家和也	平尾昌晃
ビューティ・ペア	かけめぐる青春	1976年	RCA	石原信一	あかのたちお
ビューティ・ペア	真っ赤な青春	1977年	RCA	石原信一	あかのたちお
ビューティ・ペア	青春にバラはいらない	1978年	RCA	石原信一	あかのたちお
ナンシー久美	夢見るナンシー	1977年	コロンビア	千家和也	菊池俊輔
ジャッキー佐藤	もしも旅立ちなら	1980年	ビクター	伊達歩	あかのたちお
ミミ萩原	スタンド・アップ	1981年	オレンジハウスレコード	岡田富美子	長戸大幸
ミミ萩原	セクシー IN THE NIGHT	1982年	徳間クライマックス	斉門はし羅	斉門はし羅
ミミ萩原	愛鈴(アイリーン)	1982年	オレンジハウスレコード	斉門はし羅	斉門はし羅
ミミ萩原	セクシー・パンサー	1983年	徳間ジャパン	石原信一	馬飼野康二
デビル雅美	燃えつきるまで	1982年	トリオ	倉光カオル	倉光カオル
デビル雅美	サイレント・グッバイ	1985年	KITTY／ポリドール	内藤綾子	水谷公生
クラッシュ・ギャルズ	炎の聖書(バイブル)	1984年	ビクター	森雪之丞	後藤次利
クラッシュ・ギャルズ	嵐の伝説	1985年	ビクター	森雪之丞	中崎英也
クラッシュ・ギャルズ	夢色戦士	1985年	ビクター	森雪之丞	後藤次利
クラッシュ・ギャルズ	イッキにRock'n Roll	1986年	ビクター	森浩美	吉実明宏
長与千種	友情1987	1987年	ビクター	森雪之丞	石川恵樹
長与千種	どうしたんだ？ My ハート	1988年	ビクター	岩里祐穂	佐藤英敏
J. B. エンジェルス	(CHANCE)[3]	1986年	CBS ソニー	森浩美	瀬井広明
J. B. エンジェルス	青春のエンブレム	1986年	CBS ソニー	原真弓	見岳章
J. B. エンジェルス	星屑のダンス天国	1986年	CBS ソニー	森浩美	吉実明宏

古茂田信夫ほか(1995)『新版 日本流行歌史』(中・下)社会思想社、
ノスタル爺「女子プロレスのレコード」(http://urawa.cool.ne.jp/kazunari60/josipuro/josiprorec.htm)を参考に筆者が作成した。

後もこの戦略は、ナンシー久美、ミミ萩原、クラッシュ・ギャルズに受け継がれていく（前頁の表）。

彼らはなぜ、マイクを握り歌ったのであろうか。マッハ文朱ならば『スター誕生！』で歌手デビューをもう一歩で果たせたという経験を活かしたものであっただろうし、ミミ萩原ならば本人がアイドル歌手からプロレスへ転向してきたため、以前のアイドル路線を巧みに活用したと言えるだろう。他のレスラーに関しても試合そのものだけでなく、人気を得るための手段の一つとして、マイクを握らせられたと言えよう。

マッハ文朱とビューティー・ペアが活躍した時期と『スター誕生！』の人気があった時期とは重なる。『スター誕生！』を経て、歌手デビューした者たちはアイドルと呼ばれ、もてはやされた。もちろんこの番組を経ないアイドル歌手もいた。山口百恵やピンク・レディーをはじめとした女性アイドルや男性アイドルの多くがテレビでマイクを握り歌ったのである。なかには歌手と呼ぶには首をかしげてしまうような歌唱力のない者もいたが、アイドルという枠組みですべては許された。先にあげた女子プロレスラーにしても、歌唱力については歌手としての保証はできない。だが、プロレスラーだからという免罪符を携えることによってレコードを出すことはかまわなかった。いや、アイドルという枠のなかに強引に入り込まそうとしていたのかもしれない。

冒頭で落語家の出囃子についてふれたが、プロレスにしてもリングにあがるまでの入場の際に音楽を鳴らすことが多い。レスラーによって鳴らす楽曲は違い、彼らの個性をあらわせるように選曲も工夫されていると言えよう。これは女子プロレスに限ったことではなく、男子プロレスにしても同様のことが言える。(7) また、男子プロレスについても、レコードデビューしている例は多々ある（五島 1997:2-16）。

ここまでのような実際にある例をヒントにしたと考えられるものに、プロレスを扱った創作作品について簡単に触れておきたい。映画『いかレスラー』（二〇〇四年）にせよ、中島らもの小説を映画化した『お父さんのバックドロップ』（同）にせよ、映画『ワイルドフラワーズ』（同）にせよ、劇中で音楽を効果的に使っている。とりわけ『ワイルドフラワーズ』では、試合でレスラーがリングにあがるまでの入場曲を使うシーンなど、レスラーの個性にみあった楽曲が使われていると言ってよいだろう。

テレビで放映される場合も含めてプロレス興行においては、試合だけではなく、入場の際に使う音楽やレスラーがマイクを握って歌うことも、すべてがプロレス興行のシステムのなかに組み込まれているのである。プロレスにおける音楽は、試合を盛り立てる味付けなのである。それは料理を引き立たせるスパイスのような働きをなしているのである。

おわりに

プロレスは、観客に対して「見られる」ことを意識して「見せる」という特色があると言える。女子プロレスに限ってみれば、米軍クラブでのショーで培ったノウハウを活かし、テレビと上手に接合することによって、人気を獲得したと言ってもよいだろう。一九七〇年代のアイドル全盛時代と時期が重なったことも幸運であった。本業が歌手といえないような者もアイドルという理由でマイクを握り歌うことが可能であったからこそ、レスラーも歌い、レコードを出すことができたのである。マイクを握って歌うアイドル化した、あるいはスター歌手化したレスラーも登場した。プロレスとは無縁であった人々にもプロレスの存在をアピールすることができたのである。だが、プロレスにおけるレスラーの用いる入場曲にせよ、レスラー自身の歌う曲にせよ、それらは彼らのイメージ作りの一つの手段にしか過ぎない。あくまでも試合がメインなのである。「起承転結」にたとえるならば、入場曲は「起」であろう。それにもかかわらず、レスラーの歌が大きく化けることがある。それは売り上げという点だけでなく、プロレスとは違う文脈でも相応の位置につくことができるという点においてだ。つまり、プロレスの興行というシステムの中の一つにしか過ぎなかったものが、システムを逸脱して一人歩きすることである。女子プロレスならばビューティー・ペアであり、男子プロレスならば猪木ボンバイエが格好の例だ。もちろん、こうした一人歩きが可能となったものも、完全にプロレスという文脈を離れることはできない。人気が出たと言ってもあくまでもプロレスという前提があって、次の段階が可能となったからである。味付けのスパイスが「転」じて、人気を得ることができたのであるが、「結」の準備段階としての「転」なのである。観客やファンは、「結」を想定しながら楽しんでいるのである。プロレスにおいては、「見る-見られる」という関係性が「見る」側にも「見られる」側にも意識されており、両者ともにその関係性を前提に楽しんだり、憤ったりしているのである。だからこそ、プロレスに付随する音楽も興行システムの一環として捉えるべきであろう。

付記　本稿は、東谷（2005b）の一部を修正したものである。

注

（1）出囃子は上方落語にしかなかったものである。五代目柳亭左楽が一九一七年（大正六年）に落語睦会を結成した際に、寄席の充実のための新機軸の一つとして出囃子を導入した。これが東京落語に出囃子が用いられた理由だと言われている。それまでは、「片しゃぎり」という太鼓で高座にあがっていた。詳細は「出囃子なかりせば」（ＮＰＯ法人・和の学校を参照。http://www.wanogakkou.com/culture/020000/020502_hanasi07.html 最終アクセス日、二〇一六年一月二十日）。

（2）ボードビリアンとは、寸劇、歌、踊り、曲芸などをこなす喜劇人のことである。代表的な人物は、二村定一、榎本健一。

（3）比較的大きな規模の基地、キャンプには、三種類のクラブが全て設けられていた。これらの他ＣＣ（Civilian Club、民間クラブ）、ＡＭ（Air Men's club、空軍兵クラブ）、Service Club（サービス・クラブ）、ＷＡＣ（Women's Army Club、軍婦人部隊クラブ）などを設置した基地やキャンプもある。詳細は、東谷（2005a）を参照。

（4）このあたりの考察はポピュラー音楽に限られるが、東谷（2005a）を参照。

（5）亀井は、「プロレス行為と観る側の関係――観客側の論理」と題して、プロレスの「見せ方」について考察をしている。詳細は、亀井（2000：174-184）を参照。

（6）『スター誕生！』は、日本テレビ系列で一九七一年十月～一九八三年九月までの十二年間放映された。初代司会は萩本欽一、審査員は阿久悠、都倉俊一、森田公一など。このオーディション番組には、約二百万人の応募者があった。番組からは九十一人（八十九組）がデビューしており、代表的な歌手は、森昌子、桜田淳子、山口百恵、岩崎宏美、新沼謙治、ピンク・レディー、石野真子、小泉今日子、中森明菜など。番組の企画者側から当時を振り返ったものは、阿久悠（1993）参照。

（7）男子プロレスの入場曲に関して、永岡正直が楽曲のジャンルによる類型表を作成し、考察している。詳細は、永岡（2001）参照。

第二章

「プチ本物主義」のすすめ

――米国内のジャズ史における「地域性の介在」と日本のジャズ受容について

マイク・モラスキー

一、ジャズ王国ニッポン

日本は世界屈指の「ジャズ大国」である。

まず、日本ほどジャズ音楽をBGMに使っている飲食店や公共の空間が多い国は、米国を含めて他に存在しないだろう。また、ジャズの珍盤レコードを発掘し、その関連情報を仔細に整理した上で綿密なカタログを編集・発行するという行為においても世界一だと言えよう。さらに、ジャズ愛好家が求めている入手困難な廃盤レコードを再発売し続ける日本のレコード会社は、国内外を問わずジャズファンやレコードコレクターに大きな貢献を果たしている。要するに、ジャズレコードの収集・整理・保存・普及の四点において、日本は先駆者的存在だというわけである。もちろん、秋吉敏子や日野皓正、小曽根誠や上原ひろみなど、世界的に活躍する日本人ミュージシャンも少なからずいるが、その点では日本人が他国に比べて突出しているとは言い難い。

やはり、ジャズ界で日本が最も際立って貢献しているのは、上記のレコード関連の諸側面においてである。

日本のジャズ受容および普及の歴史においても、レコードが大きな存在を占めた。確かに、大正時代から昭和初期まで、そして終戦直後には生演奏が奏でられるダンスホールも人気を博し、一九五〇年代からルイ・アームストロングやオスカー・ピーターソンなど偉大なジャズメンの来日コンサートが行われた。そのようなコンサートは頻繁に開催されなかったものの、一九六〇年代から新宿の「ピットイン」をはじめ、ジャズ専用のライブハウスが現れはじめたおかげで、国内のジャズファンがさらに容易に生演奏を聴く機会がうまれた。それでも、ジャズ音楽が若者の間で最も人気を集めた一九五〇年代から七〇年代まで、国内のジャズファンの音楽志向に多大な影響を及ぼしたのは、海外に類を見ない、日本特有のレコード中心の音楽聴取空間だったジャズ喫茶である。

日本初のジャズ喫茶が出現したのは一九二九年だが、当時ジャズを聴ける公の場といえば、ダンスホールが中心だった。およそ同じような音楽を提供していたとはいえ、ダンスホールはジャズ喫茶とは対照的な空間である。ダンスホールが日本人ミュージシャンによる、欧米発祥の多様なダンスミュージックを中心としたジャズ（または「ジャズ」と認識された音楽）の演奏に合わせて客が踊る場所であったのに対し、ジャズ喫茶は蓄音機とレコードという新規音源技術が主役であり、客たちにとっては座って音楽鑑賞にいそしむ（またはBGMとして聞き流す）場所だった。つまり、前者は生演奏を提供し、後者は再生音源を提供する場所である。また、生演奏を提供するダンスホールのミュージシャンが日本人だったの対し、ジャズ喫茶は演奏者が不在である反面、「本物」の舶来文化を提供していたという自負があった、と集約できよう。では、実際にダンスホールにもジャズ喫茶にも足を運んだ共通の客ははたしてどの程度いたのか、具体的なデータがないので定かではないが、それぞれの空間に通う客層はかなり異なっていたのではないかと推測される。いずれにしても、一九三四年に警視庁が学生をダンスホールやカフェやバーなどから締め出す方針を施行した結果、そういうところに入りびたっていた「不良」学生がジャズ喫茶に流れたようだ。(1)

最初のジャズ喫茶が出現したのは、アメリカでジャズレコードが初めて発表されてからわずか十二年後のことである。当時から日本がいかに早く最新の外来文化を独自の形に変容させていたかが窺える。当初のジャズ喫茶では、アルゼンチンのタンゴも流す店がめずらしくなかったようだが、ほぼ同時にクラシック音楽を専門に流す「名曲喫茶」も現れ、これらは総じて「音楽喫茶」と呼ばれていた。戦中は国家主義的な政府の規制のためにこれらの店は閉鎖されるか、あるいは閉店を避けるために表だっての営業は避けられることになったが、戦後には、音楽喫茶の種類はさらに多様化することになった。歌声喫茶に加え、シャンソンやタンゴ、フォークやロックなどを専門にかける店も現れるようになった。このようなレコード聴取空間の「多様化」という現象は、いわば「細分化」なのだろうが、この「細分化」こそ、日本の飲食店文化の顕著な特徴だといえる。(2)

昭和初期に現れた初のジャズ喫茶も、一九六〇年代の全盛期のモダンジャズ喫茶も、個々の違いにもかかわらず、根源的な機能は意外に共通していたと言えよう。すなわち、初期のジャズ喫茶では電動蓄音機を、モダンジャズ喫茶では「ステレオ」や「Hi-Fi」などと宣伝された新規のオーディオシステムを備えて、最新の音源メディアに加えて最新のジャズ音楽の潮流が、主に若い客層をターゲットに紹介されていた。[3]

ジャズ喫茶の歴史や機能および店内構造などについては、拙著『ジャズ喫茶論』（筑摩書房、二〇一〇年）で詳述したことがあるのでここでは詳しく触れないが、一点だけ欠かせない問題に言及しなければならない。すなわち、authenticity という問題である（以下、「本物主義」や「真正性」と呼ぶことにするが、「本質論主義」などと呼ばれることもある）。後述するように、本物主義は何もジャズや音楽の分野に限って浮上するわけではないが、日本におけるジャズ受容史において、ジャズ喫茶を中心にやや特異な形で出現することがあるので、簡単ながら取り上げたい。

まずここでは、上述の機能に加え、ジャズ喫茶がアメリカとの媒介役を務めたことに留意すべきであろう（ただし、地方のジャズ喫茶の場合、さらに東京またはほかの国内主要都市との媒介役を務めることもあった）。昭和初期はもちろんのこと、モダンジャズ喫茶全盛期の一九六〇年代前後においても、たとえばジャズの生演奏を聴きたいがために渡米するようなファンはほとんどみられなかった（対照的に、近年の「ヴィレッジヴァンガード」をはじめとするニューヨークの有名なジャズクラブでは、日本からの観光客がみられない日はほぼ皆無だろう）。また、アート・ブレイキーの一九六一年の歴史的来日ツアー以降、著名なジャズバンドが来日するようになっていたとはいえ、国内のジャズライブは依然としてローカルなライブハウスで日本人ミュージシャンによって行われるものが圧倒的で、彼ら日本人ミュージシャンの演奏を軽視するファンも少なからずいた。同時に、輸入盤のジャズレコードがいまだに高価だったため、個人のジャズファンが充実したレコードコレクションをまとめることも、良質のオーディオシステムを私有することも困難だった。

だからと言って、米国内の都会のごとく、常時ジャズを専門にかけるラジオ放送局はなく、当時の公立図書館もジャズレコードを所蔵してはいなかった。ジャズの名盤、新盤、珍盤が揃っているのはジャズ喫茶くらいであり、ジャズの「本場」はアメリカだと考えていた多くのファンにとって、「本物」のジャズは日本にしか存在しない、という（飛躍した）発想が生じる状況だったのである。

そのような発想の下、レコードをより「リアルに」再現する高級オーディオシステムが設置され、アメリカ産の輸入盤レコードが勢ぞろいしているというジャズ喫茶が提供したのは、「本物のジャズ」の疑似体験だった。筆者は多くのジャズ喫茶店主およびファンに対しインタビューを行ったが、「当時、下手な日本人のライブを聴くより、レコードで本場の音を聴いた方がよっぽどマシだと考えていた」という旨の説明を何度も受けた。つまり、一部の国内ジャズファンには、どんなに卓越した日本人ミュージシャンの生演奏であろうとも「本物」のレコードにはかなわない、という先入観があったようだ。加えて、アメリカで長期滞在してから帰国した秋吉敏子や渡辺貞夫などのようなミュージシャンだけは、「本場の匂い」がするという理由で特別視されるきらいがあった。

二、

音楽と「本物主義」

かつて、あるジャズ喫茶店主にインタビューした際に、彼が誇らしげに「うちは黒人のレコードしかおいていない」と宣言したことが忘れられない。あまりにもその発想に驚いたせいか追求する言葉が出てこなかったが、いまなら、「では、マイルスの

『カインド・オブ・ブルー』も置いていないのですか」と突っ込めばよかったように思う。ジャズ史上名盤中の名盤とされるマイルス・デイビスのこのレコードには、白人ピアニストのビル・エヴァンスが入っているが、そのために「失格」になるかどうかに興味が湧く。

別の老舗ジャズ喫茶では、新米店員が約一万枚に及ぶ店内のレコードコレクションの配列を把握するための「レコード配置図」を見せてもらったことがあるが、その内容にも驚かされた。その地図は、まず楽器別に分けることから始まっていて、たとえば「トランペット」にはマイルス・デイヴィスやチェット・ベイカーなどのリーダー盤が並んでいるのだが、各楽器のカテゴリーがさらに「黒人」、「白人」、そして「日本人」に分類されていたことは予想外だった。一体なぜそうしたくなるのだろうか。アメリカでは一度も見た覚えはないが……。店主は目隠しで初めて聴かされるレコードに登場するミュージシャン一人ひとりの人種や出身国を、はたして正確に聞き分けられるというのだろうか。

しかし、この分類法は何も日本ではめずらしいものではなく、現在でも国内のレコード屋のジャズコーナーにはアメリカ人のCDが最初に並べられ、次に「ヨーロッパジャズ」があり、そしてだいたいビリに「日本のジャズ」が、まるで隔離されたごとくおかれているではないか。これも「本物主義」の産物だといえる。

「本物」への憧れというのは、「真正性」に対する希求だといえる。だが、真正性の概念そのものはきわめて曖昧であり、矛盾に富んでいる。この言葉は美学の概念として使われることが多いが、権威（authority）をめぐる議論に発展することもしばしばあるという意味では、政治的な概念でもある。たとえば、音楽における真正性は「これ

／だれが、本物なのか」といった議論によく発展するし、「あの類の音楽をきちんと演奏する／歌うには、Xでなければならない」というような主張に反映される。とくに「黒人音楽」——ブルースにせよジャズにせよ、ソウルやヒップホップなどにせよ——をめぐり、このような主張がなされることが多い。「本物のブルース／ジャズ／ソウル／ヒップホップを演《や》るには、黒人でなければならない」というように。

ただし、「本物主義」を避けたいがためにいわゆる「ブラックミュージック」というカテゴリー自体の有用性を否定することにも問題があるように思う。まず、倫理的な問題を挙げなければならない。というのは、アメリカのポピュラー音楽史上でも主として黒人が生み出した新しいジャンルやサブジャンルなのに、白人プロデューサーが最も利益を得て、また後に彼らに倣った（もしくは単に真似した）白人ミュージシャンが同じ曲を演奏すると、最初に演奏した黒人ミュージシャンよりもはるかに人気を集める例があまりにも多いからである。米国内の大衆音楽史において、その類例はたびたび繰り返されてきた。一九二〇年代には、自分自身はジャズ演奏ができないのにオーケストラを指揮したポール・ホワイトマン（その姓Whitemanからも読んで字のごとく白人男性）が、「キング・オブ・ジャズ」と呼ばれるようになり、一九三〇年代には白人の（彼は確かに卓越していた）クラリネット奏者ベニー・グッドマンが「キング・オブ・スイング」と呼ばれ、一九五〇年代にはエルビス・プレスリーが単に「ザ・キング」と呼ばれていたことなどは、ほんの数例にすぎない。それらの白人ミュージシャンに比べて、カウント（伯爵）・ベイシーやデューク（公爵）・エリントンが、アメリカ音楽史における重要性の割にこの「貴族呼称争い」では下位に位置づけられてしまったことがそれを象徴している。

ブルースとジャズ、リズムアンドブルースと初期のロックンロール、ソウルとラップおよびヒップホップ――これをとっても、アメリカの黒人たちが中心となって作り上げてきた音楽ジャンルであり、二十世紀初期から現在に至るアメリカのみならず、世界のポピュラー音楽の中核になったことは否めない。何をおいてもその事実は素直に認めなければならないし、それらの音楽のファンであるならば、敬意と感謝の念も自然に湧いてくるはずである。だが、しかし。作曲した歌に著作権は存在しても、特定の音楽ジャンルの独占権を主張することにはどうしても無理が生じる。そして、ひとつの音楽ジャンルやスタイルに特権が存在しないならば、「本物」であるか否かという議論の根拠をどこに見出すかという問題もまた、いっそう難しいものになるだろう。

「本物主義」が最初に差し掛かる問題は、「何を以て本物と見なすか」、つまり基準の問題である。ひと昔前の、一部の日本のジャズファンにとって、本物のジャズミュージシャンとはアメリカ人、またはアフリカンアメリカンでなければならないようだったが、一九七〇年代以降のジャズ界の第一線で活躍するバンドを見渡すと、多人種・多国籍で成り立っていることは明らかである。確かに一九六〇年代までの一流のジャズバンドはアフリカンアメリカンが圧倒的な比重を占めており、現在ではその比重は多少下がっているにせよ、ジャズ界におけるアフリカンアメリカンの存在がいまだに大きいことは否定できない。

しかし、初期のジャズ界ですら、ある程度、人種の混淆によって成り立っていたことは見逃せない。発祥地とされるニューオーリンズの一九一〇年代から二〇年代までのジャズバンド（またはソロピアニスト）に絞って考えれば、ジャズ史に残る重要な白人ミュージシャンこそあまりみられないものの、ニューオーリンズでは「黒人」に加え、ジェリー・ロール・モートンやシドニー・ベシェなど、ジャズの発展に重要な貢献を果たした「クレオール人」ミュージシャンが少なからずおり、彼らは自分自身を「黒人」とははっきり区別していたのである。そもそも白人／黒人という二項対立的な思考だけでは、初期のジャズ史ですら十分に語れないのである。(4)

音楽社会学者ダヴィッド・グラッツィアンの著書 *Blue Chicago: The Search for Authenticity in Urban Blues Clubs* では、シカゴのブルースクラブをフィールドワークの対象として、ブルース音楽にみられる racial authenticity（人種的真正性）の問題を考究している。鋭い洞察に富む書ではあるが、とりわけ音楽そのものとともに人種的真正性自体もパフォーマンスの対象になるという論点が意義深い。著者は同書で次の連結プロセスに焦点を当てている。

（1）ファンたちはブルース音楽を通じ、真正性を追求するためにクラブに通う。そのような客は、商業主義に「毒されていない」音楽文化を求めており、より生々しい（洗練されていない）演奏を披露する黒人ミュージシャンをひいきする。
（2）同じことを求めるファンが増えるにつれ、当のブルースクラブの人気が上がる。
（3）ミュージシャンたちもクラブの経営者も、各自の方法で真正性を求める客たちの期待（消費願望）に応えようとするなかで、真正性を強調する営業作戦が顕著に現れるようになる。
（4）可視化されたそのような営業作戦が、ブルースの真正性を損じると感じるファンたちの足をそのクラブやミュージシャンから遠のかせ、さらに「本物」とされる、よりディープな店を探し、また（1）から（4）が繰り返される。

要するに、これは堂々巡りのゲームである。消費者（ファン）たちが、ブルースの真正性を使って何でも売り物にしてしまうという資本主義社会からの一時的な脱却を求めるのに対し、音楽供給者はその脱却願望に応えはするため、より真正性を強調する演出に乗り出すわけだ。あるいは、「真正性」そのものは常に演出され、更新されると集約できよう(5)。

ところで、音楽における「本物主義」はいわゆる「ブラックミュージック」に限らない。通称「カントリーミュージック」と、その前に現れたいくつかのジャンル――ヒルビリー、オールドタイム、ブルーグラスなどと呼ばれる音楽――がブルースとは対極的に、もっぱら「白人音楽」として認識されてきた歴史に、似たような状況が見受けられる。これらの音楽伝統は、たんに「白人音楽」だけではなく、米国内南部や西部地方の山地、または牧場などから現れたワーキングクラス（カウボーイを含め）の音楽文化であるというイメージが強い。そのような側面を強調する方法として、演奏者がブルージーンズにカウボーイハットとブーツで身をまとい、シンプルな単語とゆっくりした口調で南部や西部地方の訛りをもって、気取らない誠実な人間像を打ち出す。

ところが、いつもカウボーイハットとブーツ姿で演奏するミュージシャンなのに、牧場には一度も足を踏み入れたことのないカントリーシンガーや、あるいは都会の中産階級育ちのシンガーもめずらしくない。ブルースと同様、カントリーミュージック

において は素朴な（ある意味で「前近代的な」）美学および価値体系が求められるので、演奏者たちがその音楽文化特有の形容で真正性を演じることになってしまいがちだ。ただし、演じられているのは音楽だけであり、真正性までもがパフォーマンスだと気づかれてしまっては逆効果になろう。ブルースやカントリー（それにジャズやヒップホップ）に比べ、祝祭性あふれるショーやスペクタクルに重点がおかれるグラムロックやヘビーメタルなどの音楽ジャンルであれば、真正性に対する憧れが比重を占めるとはそれほどいえないだろう。そのため彼らの場合は、はじめから演奏のあらゆる側面がパフォーマンスであるということは、ファンとミュージシャンの双方から暗黙に了解されているようだ。多様な音楽文化において真正性が求められる度合いが変、その表現方法も異なるというわけである[6]。

しかし、真正性が強調されるのは、ポピュラーミュージックだけではない。比較的最近まで、ヨーロッパのクラシック音楽界では欧州出身の白人男性しか入団を許されなかった時代が続いていたことがそれを物語っている。どんなに優れたミュージシャンであろうと、非白人は「クラシック音楽の『神髄』を十分に理解していない」と、入団を拒まれてきたのだという。もちろん、今日では欧米の一流オーケストラのなかには女性も多くみられ、東アジア出身のミュージシャンも必ずと言っていいほどいる（ただし、依然として男性が指揮者の座をほとんど占有しているようである）。近年のグローバリゼーションおよび欧州圏外の音楽教育の質の向上により、世界中のクラシック音楽のミュージシャンのレベルが上がってきたことも関係していると思われるが、以前の方針は真正性にもつながる差別体制の現れだったといえる。

近年のクラシック音楽界では、その類の「本物主義」はおおよそ乗り越えたようだが、別の面で新たに真正性が追求される傾向がみられる。すなわち、バロックおよびルネッサンス期の音楽を、その当時使われていた楽器を復元し、同時代の演奏方法を研究したうえでより忠実に再現することを目指す Early Music Movement のことである。この運動に対する批判は少なからずあるが、ここで問題点を一つひとつ挙げる余裕はない。だが、現在の演奏家が、バロック期の奏者と同様の演奏を再現することひとつとっても無理があることを指摘しておかなければならない。まず、当時使われていた楽器を再現しようにも、原材料が消滅してしまったために入手不可能となっているものがある。あるいは、ミュージシャンのみならず聴衆の感性や演奏環境も現在では大きく変化しており、いくら当時の音楽に対する研究に挑んだとはいえ、まるでタイムマシンに乗ったかのごとく過去の世界に戻ることはしょせん無理であろう。まして楽譜というテクストそのものから音の真正性を見出そうとする姿勢自体に問題がある。(7)

「真正性」をめぐる問題はキリがなく、これは音楽以外の分野にもしばしば現れる。「フランス人にしか本物の高級ワインはわからない／作れない」と思い込んでいた本国のワイン通が、ブラインドで行われた試飲審査会でカリフォルニア産のワインを(思わず)選出した話は有名だが、「本物志向」が生み出す誤解は実に多様な分野において見受けられる。たとえば、欧米ではヨガを習っている人びとは、概してインド人の師匠に弱い。同様に、太極拳の指導者が「本場」の中国人だと一目おかれる。アメリカの寿司屋のカウンターの内側に立って包丁を握っている板前が日本人と聞くだけで、いっそう「本場」の味が楽しみになる。あるいは、東京のヒップホップファッションの洋品店の前で黒人の店員が呼び込みをしていると、いっそう入ってみたくなる客がいる。だが、あのヨガの師匠はインドからカリフォルニアに移住してきて初めてヨガを習ったと知ったらどう反応するだろうか。あるいは、その中国人指導者の太極拳歴は二年足らずだとこっそり教えられても、同じように尊敬するだろうか。この日本人板前は、渡米前のラーメン屋でのアルバイトが料理人としての唯一の経験だったと知ったら、どうだろうか。そして、ヒップホップファッションの店員が、アメリカなんぞに行ったこともないナイジェリア人だと知ったら、店に寄らずに素通りするのだろうか。

以上の例から、「本場」および「本物」という概念に問題が多いことは、十分明らかになったはずである。「本物」とは、人びとが投影し固執する幻想にすぎないとまでは言わなくても、正確に突き止めることが多くの分野ですこぶる難しい。それこそ、あまりにも多くの問題が付きまとうため、これらの言葉の使用を一切避けたほうが無難かもしれないくらいだ。しかし、それもなかなか難しいようだ——エキゾチックとされる「エスニック料理」を食べたいときは、やはり「本場の味」と自称する店に興味をそそられるではないか。同様に、フラメンコのコンサートならスペイン人、レゲエならジャマイカ人、ヒップホップならアフリカンアメリカンが登場すると「本物」の演奏が楽しめるという期待が、どうしても湧いてくる。

けっきょく、「本場」／「本物」に対する憧れをどうしても捨てきれないようだが、もっと無害かつ有意義な「本物主義」がありそうにも思える。以下では、問題含みの上記の類の本物主義の代行概念として、米国内のジャズ史における特定の「地域の介在」を事例に、「プチ本物主義」の可能性を模索してみたい。

三、ジャズ史における「地域性」

通常の「本物主義」は「国家」や「人種」など大ざっぱなカテゴリーに依拠するため、排他的なナショナリズムやレイシズムにつながりやすい。飲食文化にせよ、音楽やダンス、スポーツなどの諸分野にせよ、そのようなカテゴリーを中心に据えると、各カテゴリー内に存在する差異に無頓着になり、鑑賞の妨げにもなりかねない。したがって、本稿では「国家（nation）」の代わりに「地域（region）」というもっと小さなカテゴリーに重点をおき、その結果どのような側面が浮上し、何が見えて／聴こえてくるのかを検証したい。アメリカのジャズ史における「地域性」を主とした例に注目するが、その前に、より多くの読者になじみのある例として、飲食文化に軽く触れておこう。というのも、一国の飲食文化が持つ地域差に注目することで、ステレオタイプ的な思考が具体的にどのように相対化されるのか、一層自明になるだからだ。

周知の通り、日本国内は地方によって使用される材料や料理法などが異なり、味の嗜好にも顕著な違いが見受けられる。だが、琉球列島の料理伝統を除けば、日本国内の地方間の相違は、中国やインドのような歴史の長い大陸における地域間の違いには及ばない。さっそく脱線するようだが、ここで私事を少し許していただきたい。私は数年前に初めて中国（上海）を訪れたのだが、ある料理人と話した際に、「地元の料理に最も合う酒は、やはり紹興酒ですか」と尋ねたら、「あれは国内の特定の地方の人たち、そして日本人しか飲まないよ」という返事が返ってきて、ややがっくりした。私の質問の「やはり紹興酒？」は先入観だったようだが、それも長年の日本滞在の産物だといえる。同様に、私は日本でよく「アメリカのバーでは、やはりみんなバーボンを飲むんですか」と聞かれ、アメリカに帰ると「日本人は、やはりみんなサキ（sake、つまり日本酒）を一番飲むだろ？」と聞かれる。この一連の質問が単なる誤解だといえばそれまでだが、その誤解は「国家単位」で考える習慣の産物だということに留意したい。

国土の膨大な中国だけでなく、日本とほぼ同じ面積のイタリアの飲食文化も例に挙げておこう。イタリアは日本と同様に、近代国家の成立が比較的遅く、おそらく日本以上に地方によって食文化が顕著に異なるように思える。たとえば、パスタよりも豆類を食べる地方料理や、にんにくをほとんど使わない地方料理や、魚介類を食べる伝統のない（内陸の）地方などがあり、実に千差万別である。一方、イタリア料理を代表するパスタは、マルコ・ポロに中国経由で紹介されたという通説があるものの、そのはるか前にアラブ人によってシチリア経由で麺類が持ち込まれたのだそうだ。ところが、パスタとともに代表的なイタリア料理の材料であるトマトが初めてイタリアに入ったのは十八世紀、しかもトマトソースがイタリアで作られるようになったのは十九世紀、と意外に国内での歴史が浅い（ちなみに、トマトを使ってソースを作る手法はスペイン人により紹介されたそうだ）。

では、「伝統的なイタリア料理」あるいは「本物のイタリア料理」は、いったい国史のなかのどの時点、そして国内のどの地方を基準にすべきなのか。答えによっては「伝統」や「本物」の基準が大きく変わることになる。いずれにせよ、多くの人が抱いている「イタリア料理」のイメージは比較的新しく、代表的なイタリアンを好まない地方もめずらしくないといえるのである。もちろん、だからと言って「イタリア料理」というカテゴリー自体が無意味だというわけではないが（そもそも、どのようなカテゴリーであろうと常に変化しており、恣意的なものにすぎない）、イタリア国内の飲食文化における地方間の相違にいったん開眼させられたら、「イタリア料理」というものが一枚岩ではなく、実に多面的なカテゴリーであるということを考えずにいられないだろう。

近年、日米両国でイタリアの様々な地方の料理が食べられるようになったので、イタリア国内における味の地域差に対する認識がずいぶん高まったようだが、たとえば三、四十年前、日本ではウィンナーとケチャップを加えた鉄板の焼うどんを連想させる（和風の）「ナポリタン」がイタリアンとして流通していた。また、最近まではアメリカで「パスタ」といえば、スパゲティにこってりしたトマトソースをぶっかけ、ばかでかいミートボールを二、三個ごかんとおくものだ、とイメージしている人が多かった(8)。

そこでジャズ史における「地域性の介在」に話を戻そう。一国の飲食文化において地方独自の味があるように、また一言語において地方特有の方言があるように、ジャズという音楽ジャンルにおいても、米国内の特定の地域や町に特有の「サウンド」が明確に存在する時代があった。ところが時代が進むにつれ、人口移動の大きな流れやレコード・ラジオといった新しいメディアの普及により、このような地方特有の表現は少しずつ希薄になり、やがて消滅した。以下、そのような「ジャズ方言」が顕著に現れた米国内の事例を考察し、「地域性」という、いわば「小規模の本物主義」に結びつけて考えたい。そのためには、米国内のジャズ史や各地の歴史などについて、ある程度詳述する必要がある。

再び私事で恐縮だが、私は一九七〇年代半ば以降、日本全国のジャズ喫茶を回り、ときおり東京のライブハウスでジャズピアノを弾き、日本のジャズ文化の研究にも携わってきた関係で、国内のジャズファンのみならず、ミュージシャンやジャズ喫茶店主、評論家などの知人が多い。だが、彼らがどんなにジャズレコードに通暁していようと、あるいはどんなにミュージシャン一人ひとりのスタイルを正確に聞き分けることができようと、演奏者のサウンドと出身地との関係について認識している日本人はめったにいないように思える。もちろん、東海岸（＝黒人のハードバップ派）対西海岸（＝白人クール派）という二項対立の縮図になじみのあるファンは多いが、以下に論じるようにこの縮図はあまり有用性があると思えない。むしろ、音を「白」対「黒」という単純な図式に収斂してしまうため、各ミュージシャンの個性を聴き逃し、音楽の鑑賞を妨げることにつながりうるだろう。言い換えれば、「東」＝「黒人」対「西」＝「白人」のような大ざっぱな枠組みに頼ってしまい、従来の「国家」や「人種」単位に依拠する「本物主義」と同様に、内在する音の多様性に気づきにくくなりがちなのである。

もちろん、一九五〇年代のロサンゼルスを中心に、チェット・ベイカー（トランペット）やジェリー・マリガン（バリトーンサックス）などの白人ミュージシャンが作り出したグループサウンドは、東海岸を拠点とする同時代のアート・ブレイキーやホーラス・シルバーなどの黒人たちが率いるバンドのサウンドとは対極にあった。「ハードバップ」と呼ばれる後者の演奏は、ビバップを踏まえたブルースやゴスペルの曲調が多く、演奏全体が熱い。バンド編成はクインテットもしくはセクステットがほとんどで、ピアノ、ベース、ドラムというリズムセクションに、トランペット一本ないし二本のサックス、またはサックスとトロンボーンが加わる。それに対して「西海岸クール派」と呼ばれるバンドは、カルテットやクインテットが中心だったが、八人や九人編成のときもあり、チェロやフレンチホルンなど、当時のジャズではめったに使われなかった楽器をも加え、クラシックの弦楽五重奏を連想させる綿密な編曲を特徴としている。また、ブルースやゴスペルの影響が薄く、即興演奏も抑制の効いた、ゆったりしたフィーリングが際立つ。以上の点に限っていえば、「東」対「西」の縮図は有用だといえる。しかし、クールジャズの歴史的背景や、同時代のロサンゼルスのジャズシーンを考えると、この図式の限界性は明らかだ。

まず、「クールの誕生」と題される一九四九－五〇年録音の画期的な九人編成バンドのレコードは、ニューヨークを拠点とするカナダ人アレンジャーのギル・エヴァンスと、アメリカ中西部からニューヨークに移住したマイルス・デイヴィスとの共作とされていることに留意すべきだ。最初に「クール」をジャズ界に紹介した二人は、出身地が東海岸でも西海岸でもなく、一方は白人だがアメリカ人ではないし、もう一方は黒人なうえ、当時は二人とも東海岸を拠点としていたわけだから、あらゆる意味で従来の「西海岸（白人）クール派論」と矛盾している（ちなみにギル・エヴァンスは編曲を専門にしており、一九五九年からマイルスのバンドに加わったピアニストのビル・エヴァンスとは別人で、血縁関係もない）。一九五〇年代の西海岸クール派を代表する一人ジェリー・マリガンも、このレコードでは演奏、作曲、そして編曲においても大きな貢献を果たしたが、マリガンはニューヨーク市の生まれで、高校時代まで父の仕事のため東部や中西部を転々と移住しており、ロサンゼルスに移住したのは一九五二年だった。従来の「クール派＝西海岸の白人ミュージシャン」という発想自体、論拠が不十分であることは明らかだろう。

さらに、西海岸クール派と呼ばれるミュージシャンたちが活躍し始めた一九五〇年代の、とりわけその中心地とされるロサンゼルスのジャズ状況に注目すると、また別の側面が浮上してくる。当時のロスにおけるジャズシーンの核は、戦前から続いていた「セントラル・アベニュー」という黒人居住地区の繁華街だった。セントラル・アベニューには活気あふれるジャズクラブが林立しており、デクスター・ゴードン（テナーサックス）、チャールス・ミンガス（ベース）、エリック・ドルフィ（アルトサックス、バスクラリネット、フルート）、ハンプトン・ホーズ（ピアノ）など、後に有名になったロス出身の黒人ミュージシャンをはじめ、ツアーで来訪するミュージシャンや、ロスを拠点とするクール派のミュージシャンも毎夜のように集まっていた。つまり、ロサンゼルスのジャズ界を「白人クール派」に回収してしまうことは、同市が輩出した他の重要なミュージシャンたちを軽視することになり、米国のジャズの発展とその歴史に不可欠な拠点のひとつだった、セントラル・アベニューの貢献を見逃すことにもなりかねない[9]。

ジャズの発展に欠かせないもうひとつの町は、中西部と西部の境界線に位置するミズーリ州のカンザスシティだ。カンザスシティはミズーリ州の西側の州境に、セントルイスは東側の州境に位置しており、ともに州の主要都市であるが、セントルイスのほうが一般的に知られているだろう。日本のジャズファンも例外ではなく、セントルイスこそジャズ史においてきわめて重要だと考えられているようだが、少なくとも一九二〇年代から第二次大戦直後まで、セントルイスよりも規模が小さく、辺鄙な場所にあるカンザスシティのほうが重大な貢献を果たしたというのは、ジャズ研究者たちの定説になっている（スミソニアン博物館管轄の American Jazz Museum がカンザスシティに設立されたことも、街のジャズ史における重要性を物語っている）。

たまたま筆者がセントルイスの生まれ育ちだということを知って「ジャズの本場だ！」と反応する日本人は少なくないが、なぜそう思うのかを尋ねると、「セントルイス・ブルース」という名曲があるから何となくそのようなイメージを抱いている、ということが判明する。しかし、一九一四年に発表された「セントルイス・ブルース」の二年前に、同曲と同じ作曲家のW・C・ハンディが「メンフィス・ブルース」を発表しており、こちらもヒットになっている。ところが「セントルイス・ブルース」が「メンフィス・ブルース」の人気を上回ってしまい、ミュージシャンに演奏される回数も前者のほうが多い、というのが現状だ。

いずれにせよ、メンフィスもセントルイスもミシシッピー川沿いの町としてニューオーリンズと直結しているので、どちらもジャズ史において重視されてもさほど不思議ではないのだが、いったいなぜあの辺鄙なカンザスシティがあれほど重要になったのか。また、なぜブルース音楽を基盤とする独自の「カンザスシティ・サウンド」が、あの（ブルースの発祥地から離れている）地方の町から生まれ、全米のジャズミュージシャンに影響を及ぼすに至ったのか。地図を眺めるだけでは不思議で仕方がないはずだ。やはり、この一連の疑問に答えるには、歴史に目を向けなければならない。

カンザスシティにジャズやブルースのミュージシャンが集まったのは、一九二〇年代の米国禁酒法時代に遡る。当時の市長が市内を支配するボス的存在であり、彼の下でカンザスシティは飲酒と売春と博打などの不法行為が大っぴらに行われる無法地帯へと発展した。そして、そのような街にはジャズやブルース音楽の需要が高かったので、ほうぼうからミュージシャンが集まったわけである。当時のカンザスシティはアル・カポネのシカゴに類似するところがあったようだが、カポネが黒幕として支配したシカゴの「地下経済」は、カンザスシティでは市長の管轄下で堂々と、「地上」で展開していった。[10]

参考までに、ジャズが米国で大衆向けのダンスミュージックから玄人向けの鑑賞音楽に変容していった一九二〇年から一九五〇年代までの期間を対象に、本稿で注目する都市の人口と、その人口比の国内ランキングを併記しておく（データは米国の国勢調査によるもの）。[11] ついでに、最新（二〇一〇年）の国勢調査のデータも付け加えよう（左表）。

こうした統計を掲載したのは、特定の街のジャズ史における重要性について、必ずしも市内の人口に比例しないということを確認するためである。その代表格は、二十世紀初期のニューオーリンズ、そして一九二〇年代から第二次大戦後までのカンザスシティだといえる（ちなみに、一九二〇年のニューオーリンズの人口は三十八万七二一九人で、国内ランキングはカンザスシティより二つ上の十七番だった）。

カンザスシティのジャズシーンに影響されたミュージシャンのうち、もっともジャズの発展に重要だったのは、カウント・ベイシーとチャーリー・パーカーという、一見対照的な二人だった。カンザスシティがこの二人の音楽に与えた影響を掘り下げることにより、ジャズの発展において見逃されがちな辺境の街が、非常に大きな役割を持っていたことが明らかになるだろう。

デューク・エリントンと並び、カウント・ベイシーが率いたビッグバンドは、スイングジャズを代表する屈指の楽団だった。エリントンもベイシーも、自らピアノを弾きながらバンドを率いたが、各自のピアノスタイルも、演奏される曲調も、バンド全体のサウンドも、明らかに異なっていた。エリントンは数千に及ぶ自作曲を中心に、バンドマン一人ひとりの個性に合わせた綿密な編曲に力を注いだことで知られ、また当時のジャズにおいて前衛的なハーモニーを盛り込む音楽世界を築き上げた。一方、ベイシーは、エリントンとは対照的に、編曲を他の人間に任せ、バンドの選曲もピアノの演奏スタイルも非常にシンプルだった。では、なぜベイシーのバンドがジャズ史のなかであれほど高い評価を得ることになったのかというと、何よりもブルース調を踏まえた、あの強烈極まりないスイング感を挙げなければならない。ベイシーのバンドが奏でるリズムの心地よさは、言葉だけでは到底説明できないが、とめどない推進力があると同時に、きわめてリラックスしたリズム感覚との絶妙のバランスにあるのではないだろうか。また、ミュージシャンたちが交代で即興のソロを演奏する楽曲で

		人口	ランク
1920年	ニューヨーク	5,620,048	1
	シカゴ	2,701,705	2
	ロサンゼルス	576,673	10
	セントルイス	772,897	7
	カンザスシティ	324,410	19
1930年	ニューヨーク	6,930,446	1
	シカゴ	3,376,438	2
	ロサンゼルス	1,238,048	5
	セントルイス	821,960	7
	カンザスシティ	399,746	19
1940年	ニューヨーク	7,454,995	1
	シカゴ	3,396,808	2
	ロサンゼルス	1,504,277	5
	セントルイス	816,048	8
	カンザスシティ	399,178	19
1950年	ニューヨーク	7,891,957	1
	シカゴ	3,620,962	2
	ロサンゼルス	1,970,358	4
	セントルイス	856,796	8
	カンザスシティ	456,622	20
2010年	ニューヨーク	8,175,133	1
	シカゴ	2,695,598	3
	ロサンゼルス	3,792,621	2
	セントルイス	319,365	*
	カンザスシティ	459,787	37

*トップの50都市に入っていない。

は、バックで繰り返される「リフ」と呼ばれる簡単なブルース調のフレーズに対し、次々とアイディアを繰り出すソリストとの対比（いわば「反復とヴァリエーション」からなる緊張感）もスリリングだ。極端に言えば、ベイシーが率いたのはブルース中心のスイングバンドであり、そのスタイルこそまぎれもないカンザスシティの産物であった。この点に加え、後のリズムアンドブルースおよび初期のロックンロールの基盤になったことも見過ごせない。

ところが、カウント・ベイシーはブルースのリフを中心とするカンザスシティジャズの大家であるにもかかわらず、出身地は東海岸のニュージャージー州なのである。プロのミュージシャンとして別のバンドのツアーに参加している途中、そのバンドがたまたまカンザスシティで解散したため、彼はその地にしばらく滞在することになった。ベイシーはインタビューで、カンザスシティに行くまで「ブルースを気にかけたこともなかったし、弾いたこともなかった」と証言している。[12] つまり、最もブルース調のビッグバンドのリーダーであるベイシーは、カンザスシティでブルース音楽を覚えたと言っても過言ではなさそうだ。あるいは、カウント・ベイシーは黒人であるが故にブルースを身につけた、というよりも、全盛期のカンザスシティの音楽シーンにどっぷり浸かったおかげでブルース調のジャズマンに変身した、と言ったほうが正確だろう。

カウント・ベイシーがスイング全盛時代のビッグバンドを代表する一人であるのと同様に、チャーリー・パーカーはビバップというモダンジャズの創始者の一人であり、代表的な奏者でもある。

ベイシーは若いころ、両手を活発に動かすストライドスタイルのソロピアノを弾いていたが、自分のビッグバンドのサウンドを確立するにつれ、極限に音数の少ない、簡潔な演奏スタイルに変えていった。それに対し、パーカーは目まぐるしいスピードで、新奇なリズムとハーモニーをもって、ほかのミュージシャンを驚嘆させる複雑で鮮やかなプレイで知られている。二人の演奏スタイルは、表面的には全くの対極にあるのだが、カンザスシティ出身のパーカーと、現地でカンザスシティ派のジャズに大きな影響を受けたベイシーに共通しているのは、「ブルースフィーリング」だといえる。ここであえて「フィーリング」という主観的な表現を使うのは、ブルースの音階やハーモニーなど形式的な側面は単純極まりないので、どのミュージシャンでもすぐに様式だけは容易に覚えられるが、自然なリズム感覚および「ブルースらしい」音色やタッチなどでブルースを「活かす」演奏は決して簡単ではないからである。もちろん、「フィーリング」に対する評価はどうしても主観論になってしまうし、「活かす」という判断も同様である。それでも、パーカーの即興演奏におけるスピード感と溢れるほどの想像力があまりにも眩しいため、彼が立派なブルースプレイヤーでもあったことは米国内でも十分に認識されていないように感じられる。そのせいか、パーカーが築き上げた音楽世界におけるカンザスシティ独自のジャズ伝統が及ぼした影響もまた軽視されがちだ。

欧米人のミュージシャンしかクラシック音楽の「神髄」を十分に表現できないという偏見がしばらく続いたのと同様に、アメリカ人またはアフリカンアメリカンしか自然なジャズやブルースを弾けないという考えも間違いだろう。さらにいえば、黒人だからといってブルースフィーリングが生まれつき身についているものだとも考えられない。そもそも「人種」という概念自体が社会的および歴史的なカテゴリーにすぎず、遺伝子に基づく生物学的根拠のあるカテゴリーではない。ジャズやブルースのような特定の音楽文化が、まるで遺伝子のように継承されると考えることはナンセンスであり、逆にレイシズムにもつながりやすい危険な思想でもある。ただ、少なくともある時代までは、アフリカンアメリカンにとってジャズの基盤のひとつだったブルースが身近な音楽伝統だった影響で、相対的にそのリズム感や音感を身につけやすかった、ということは言えるはずである。これは「本物主義」的な発想ではなく、歴史に基づく、理にかなった考えだろう。

というのも、奴隷制度から始まり現在に至るまで続いている、米国内の実質的な人種隔離および黒人差別のため、多くのアフリカンアメリカンが長年にわたって隔絶されたコミュニティのなかで育ってきた。そして、そのようなコミュニティで育ったミュージシャンが、たとえブルース音楽をほとんど耳にしたことがなくても、コミュニティ内の日常会話に内在する言葉のリズムや、友だち同士が言葉遊びによって茶化し合うという文化的慣習の独特の即興感覚、そして地元の教会でゴスペルを聴いたり歌ったりする経験から身につけたコールアンドレスポンスの感覚など、多くの場面で即興性重視の「参加型音楽」(13)に接してきたことにより、ブルースを身近な音楽に感じたとしても不思議ではないだろう。言い換えれば、それらのほうが、コミュニティ外で育った同じ才能をもつ「ブルース素人」に比べて、微妙なリズム感をはじめとした「ブルースフィーリング」を身につけやすいのである。ここで強調したいのは、この状況はもちろん遺伝子などに由来する現象ではなく、歴史に基づいた社会状況および文化状況に基づく差異であり、絶対的なものではない、という点である。また、これはブルースやジャズをはじめとする「黒人音楽」に限った現象でもなく、世界中の器楽ジャンルの音楽について、多かれ少なかれ言えるということだ（ただし、歌詞のついた歌は特定の言語が大きな比重を占めるため、別枠扱いにすべきだろう）。ジャズ音楽においてブルースフィーリングの強いミュージシャンの多くは、アメリカの南部、西南部、または中西部の出身だということも偶然ではないはずだ。もちろん、例外は少なからずあるが、概していえば、とりわけ一九六〇年代までのジャズ史において、この傾向はかなり顕著に現れていた。そしてその理由も、やはり米国の歴史に見出すことができる。

ブルース音楽そのものにはいろいろなヴァリエーションがあるが、ジャズの発展に最も反映されているスタイルは、ミシシッピー州、ルイジアナ州、アラバマ州などの「ディープサウス」（深南部）から現れたスタイル、そしてテキサス州やオクラホマ州などのサウスウエスト（南西部）のブルースだといえよう（ほかにもカロライナ地方の「ピードモントスタイル」などさまざまなスタイルが存在するものの、どちらかといえばジャズよりもフォークやブルーグラスなどの音楽ジャンルと合流したようだ）[14]。

周知の通り、ブルースが従来、綿花栽培を中心とする南部の農村地帯から生まれたのに対し、ジャズは主として都会の音楽である。第一次大戦から第二次大戦後まで、数回にわたり黒人人口が密集するディープサウスの農村地帯から、大勢の黒人が北部の工業都市に移住した。一九一六年から一九三〇年の間に行われた大規模な黒人人口移動は The Great Migration[15] と呼ばれたが、はじめのころは南部の農村地帯から同じ南部内のニューオーリンズやメンフィスやアトランタなどの都会へ移動する人が多く、のちにセントルイス（一応、「中西部」とされるが、南部の要素も多く含まれる）、さらには中西部内の北部の五大湖に面する工業都市シカゴやデトロイトやクリーブランドなどに、南部から大勢の黒人が移住していった。ちなみに、一八九〇年代には米国の黒人人口のうちの約八十パーセントが南部の農村地帯に住んでいたが、一九二〇年には六十五パーセントに減少し、一九五〇年には二十パーセントにまで激減した。とくに、第一次大戦を挟んだ一九一〇年－二〇年のたった十年間に、シカゴの黒人人口は十四・八パーセント、同じくクリーブランドでは三十・八パーセント、そして自動車産業が始まったばかりのデトロイト市の黒人人口はなんと六一・一パーセントも、それまでに比べて急増した。当然ながら、人口移動の際には南部の音楽文化や食文化なども一緒に持ち込まれた。ミシシッピー・デルタ地帯（ミシシッピー三角州）からの移住者がシカゴに多く集まるようになると、素朴なデルタブルースに電子ギターやドラムなどを加えて「都会らしい」グループサウンドを作り出すことになった。彼らはのちに「シカゴブルース」と呼ばれるようになる音楽を演奏していたのだが、その代表的なミュージシャンの大多数はミシシッピー・デルタからの移住者だった[16]。

シカゴの黒人居住地区内においても、ブルースとジャズはある程度分離した状況で演奏されていたようである。演奏されるクラブやバーも、店にやってくる聴衆も、ジャンルによっておよそ異なっていた。しかし、そのような状況にもかかわらず、シカゴの黒人ジャズミュージシャンたちがミシシッピー由来の生のブルースの影響を受けたことは、彼らの発する音楽を聴けば明らかだ――ブルース音階を中心とするフレーズや、好まれるタッチおよび音色などから、ブルースらしさを聴き取れるミュージシャンも多い（一九二〇年代の白人青年たちが作り出した「シカゴスタイル」と呼ばれるジャズとは、別の系統である）。

ブギウギもシカゴと密着した音楽ジャンルであり、ジミー・ヤンシー、アルバート・アモンズ、そしてミード・ラックス・ルイスなど、代表的なピアニストはみなシカゴ出身だった。一九二〇年代から流行しはじめたブギウギの音楽的構成はブルースそのものだが、テンポを速め、ピアニストの左手で繰り返される単調でありながら前進力抜群のベースラインによってダンスミュージックに変容させた。そして一九三〇年代以降はビッグバンド編成のブギウギや、歌手中心のブギウギなどに多様化していき、カンザスシティではシカゴと並んでピート・ジョンソン（ピアノ）やビッグ・ジョー・ターナーなど、Blues shouter と呼ばれる大声で歌うブルース系の歌手が、バンド向けのブギウギを大いに発展させた。

　ブギウギは戦後廃れたが、シカゴブルースは発展を続け、またブギウギの後継者と呼べるリズムアンドブルースという新たなジャンルが米国内のあちらこちらで芽生え始めた。さらにシカゴは、戦後、上述のブギウギピアニストだったアルバート・アモンズの息子ジーン・アモンズ（テナー・サックス）や、ジュニア・マンス（ピアノ）をはじめとした、やがてニューヨークなどを拠点に活躍するようになる中堅ジャズミュージシャンをたくさん輩出したが、あえて彼らの共通点を挙げるならば、やはりブルースフィーリングあふれるスタイルということになるだろう。同時代のニューヨーク出身の黒人ジャズミュージシャンで、彼らほどブルース音楽を基盤とする演奏を好んだ者はあまりみられないように思う。

　ミシシッピー・デルタからシカゴへの移住者が多かったのと同様に、テキサスやオクラホマの南西地方の黒人が中西部へ移動した際、比較的出身地に近いカンザスシティに流れる人が多かった（もちろん、はるばる西海岸にまで渡り、ロサンゼルスに落ち着いた黒人もたくさんいた）。南西地方発祥のブルースの特徴は、ミシシッピーやルイジアナをはじめとするディープサウスのブルースに比べて、テンポも速く、リズミカルで軽やかだということが挙げられるが、カンザスシティに定着したこのブルーススタイルはそのままカウント・ベイシーやジェイ・マックシャンなどのジャズバンドの基盤となった。

四、結論に代えて

以上、日本のジャズ受容の歴史に軽く触れながら筆者が気になる問題点に言及しつつ、米国内におけるジャズとブルースの歴史的関連および発展について詳述した。通常なら、本書のごとく日本研究に焦点を当てるエッセイ集のなかで、米国内の地理や歴史的状況に対し、これほど枚数を割くことは考えられないが、現在の日本ではジャズ音楽が、そもそもアメリカ占有の文化ではなくなり、その音が日常生活の隅々にまで浸透しており、まるで「空気」のようなものになっている。町を歩きながら耳を澄ませば、ジャズとは何の関係もなさそうな店や公共空間でBGMとして流れているのに、全く気がつかないか、あるいは聞き流すことが日常的だろう。それでも、現在の日本ではジャズが代表的な「音の風景」になっていることに変わりない。また、軽く聞き流す人もいれば、アメリカでも稀にみる熱心なジャズファンがいまだにたくさんいる。

概して、日本のジャズファンは知的好奇心が旺盛である。これは、アメリカからの輸入盤のジャズレコードに新たに付加される日本語のライナーノートにも反映されている――元のレコードジャケットに印字されていたアメリカ人評論家による雑文や乏しい情報とは違い、新たに書かれた日本語のライナーでは必ずと言っていいほど演奏者の名前と楽器や、録音の場所と日にちが明記されており、さらに演奏者の出身地や音楽歴についても言及されているのを見受ける。

しかし、日本のファンや評論家のジャズ史に対する知的好奇心が、米国内の地方都市の介在にまで及ぶことはめったにないように思う。それも当然であり、アメリカ史の専門家や長年の米国在住者でもない限り、仕方のないことだろう。ただし、前述したジャズ喫茶の「レコード配置図」や、レコード店のジャズコーナーなどにみられるように「国家」および「人種」別にミュージシャンを分類する習慣が、ある程度、日本のジャズ界では定着しており、その背景には懸念すべき「本物主義」的思考が潜んでいるように思う。筆者自身、長年にわたり日本のジャズ界とかかわるなかで、その類の思考が音楽鑑賞の妨げにつながるばかりでなく、本人には悪意はないものの、間接的なレイシズムにも発展しやすいという懸念を抱きつづけてきた。そのため、本論では代行概念としてより無害かつ有意義な「プチ本物主義」を提唱した次第である。

もちろん「プチ本物主義」（本稿のために創案した、皮肉半分の造語である）というものがしょせん小規模の本物主義である以上、「本物」という概念に付随する根源的な問題を回避したことは否めない。それでも、「国家」や「人種」に依拠しないだけに、「国民性」や「白人」対「黒人」などをめぐるステレオタイプな思考に発展しにくいという利点があるはずだ。また、地方都市や地域というローカルレベルに注目することにより、国家という大きな集合体に内在する歴史性、および文化的多様性が新たに浮き彫りになり、同時に人種という概念が多くの差異を包有する社会的・歴史的カテゴリーであることも常に認識可能になる。つまり、大規模の本物主義の代わりに、本論で提唱してきた「プチ本物主義」を据えることにより、ジャズという特定の音楽文化がより多面的に映り、音も細かく耳に響いてくるようになることが期待される。それだけでも実現できれば、この不完全な代行概念を推奨した価値はあるだろう。

付記　本研究はＪＳＰＳ科研費24520147の助成を受けた。

注

（1）戦前のジャズ喫茶については、細川周平の「ジャズ喫茶の文化史　複製技術時代の音楽鑑賞空間」（『日本研究』第三十四集）が詳しい。ほかに雑誌『ジャズ批評』の一九七二年の特集号「日本にジャズが入ってきた頃」が参考になる。日本のジャズ史についての著書はいろいろあるが、歴史学の専門家による研究書はアメリカ人Ｅ・テイラー・アトキンズの *Authenticating Jazz in Japan*（Duke University Press, 2001）が初めてと思われる。また、日本語での学術研究では、Ｌ・リチャーズの「戦前の日本のジャズ音楽」の東京芸術大学に提出された修士論文（一九九二年）が挙げられるが、公刊されなかったために少数の専門家以外には知られていない）。ジャズ喫茶に対する懐古趣味の著書は数多いが、学術研究ではオーストリア人Ｅ・デルシュミットのジャズ喫茶についての小論文“The Disappearance of the “Jazu-Kissa”: Some Considerations about Japanese “Jazz-Cafés” and Jazz Listeners,” Sepp Linhart and Sabine Frühstück, eds., *The Culture of Japan as Seen through Its Leisure*（State University of New York Press, 1998. Derschmidt, 1998）が初めてと思われる。ただし、日本語訳が出ていない。先のアトキンズの *Blue Nippon: Authenticating Jazz in Japan*（Duke UP, 2001）は、最初の学術的な「日本のジャズ通史」として注目されるべき労作だったが、同書も英語のみで刊行されているため、一般読者の間では注目度が低い（ただし、同書の一部が日本語訳にて宮脇・細川・モラスキー共編著の論集『ニュー・ジャズ・スタディーズ』（アルテスパブリシング、二〇一〇年）に収録されている）。

（2）戦中の軍事政権下のジャズ喫茶の行方について、横浜の名ジャズ喫茶「ちぐさ」の初代店主だった吉田衛著『横浜ジャズ物語――「ちぐさ」の五〇年』（神奈川新聞社、一九八五年）は同時代の経験者の視点を提示して欠かせない一冊だが、絶版になっている。ほかに、注1で触れた細川およびアトキンズの論文を参照。拙著『ジャズ喫茶論』（筑摩書房、二〇一〇年）ではこれらの論文を踏まえてジャズ喫茶の歴史に対する私論を提示している。

日本の飲食文化における「細分化現象」については、拙著『日本の居酒屋文化』（光文社新書、二〇一四年）を参照。上述の例は音楽喫茶のなかのジャンル別細分化現象にすぎず、日本の喫茶店文化一般に目を向けると多様化はさらに進んでおり、居酒屋の種類もさらなる細分化が見受けられる。ジャズ喫茶の全盛時代について諸説はあるが、筆者は一九五〇年代末期をはじめとし、一九七〇年代半ばからみられる若者のジャズ離れ、そしてウォークマンなど高音質の携帯音源メディアの出現によって、その衰退が加速したと見なしている。ただし、店舗数でいえば、最高潮は一九七〇年代半ばだったようで、当時の全国の店舗数は六百軒を上回っていた。詳しくは上述のモラスキー『ジャズ喫茶論』を参照。

（3）オーディオシステムに関する宣伝は、一九六〇年前後のジャズ雑誌『スイングジャーナル』に掲載されたジャズ喫茶の広告に見受けられる。そこには、「ステレオ」や"Hi-Fi"のような大雑把な用語だけに留まらず、店ごとに設置されているオーディオ装置の部品名や機種番号までもが詳細に記されている。詳しくは『ジャズ喫茶論』の第五章を参照。また、米国における電動蓄音機とジャズ音楽の普及との関係については、William Howland Kenney, *Recorded Music in American Life: The Phonograph and Popular Memory 1890-1945* (Oxford University Press, 1999)、そして Mark Katz, *Capturing Sound: How Technology has Changed Music* (University of California Press, 2004) が詳しい。

（4）ニューオーリンズの初期のジャズ史と人種間の関係については、Burton Peretti, *The Creation of Jazz: Music, Race, and Culture in Urban America* (University of Illinois Press, 1992) および Charles B. Hersch, *Subversive Sounds: Race and the Birth of Jazz in New Orleans* (University of Chicago Press, 2007) などを参照。

（5）音楽における真正性の問題についての論文は多く、また各ジャンル特有の状況および受容の歴史も異なる側面がある。パフォーマンス性に重点をおく議論としては、上述の David Grazian, *Blue Chicago* が示唆に富む。Charles Lindholm, *Culture and Authenticity* (Wiley-Blackwell, 2008) の第二章では、音楽における真正性の諸問題点を分かりやすく解説しており、入門書としても読むことができる。日本のブラックミュージック受容における真正性への願望については、Ian Condry, *Hip-Hop Japan: Rap, and the Paths of Globalization* (Duke University Press, 2006) がある（同書の邦訳は『日本のヒップホップ――文化グローバリゼーションの「現場」』というタイトルで刊行されているが、訳文が読みにくいようなので、英文が読める読者には原書をお勧めする）。また、日本のフォークソングを対象に、真正性が常時に更新されるという論点については、Toya Mamoru, "Changes in conceptions of the 'authenticity' of Japanese folksongs: A case study of Tōru Kasagi" in Mitsui, Tōru (ed.) *Popular Music : Intercultural Interpretations* (Aug. 1998) を参照。

（6）カントリーミュージックにおける真正性については、Richard A. Peterson, *Creating Country Music: Fabricating Authenticity* (University of Chicago Press, 1997)、および Aaron A. Fox, *Real Country: Music and Language in Working-Class Culture* (Duke University Press, 2004) を参照。

（7）Christopher Small, *Musicking: The Meanings of Performing and Listening* (Wesleyan University Press, 1998) や注5の Charles Lindholm, *Culture and Authenticity* などを参照。

（8）イタリア料理における地方の特徴については、Accademia Italiana Della Cucina ［The Italian Academy of Cuisine］ (ed.)、*La Cucina: The Regional Cooking of Italy* (Rizzoli, 2009) が大いに参考になる。同書は元々イタリア語で刊行されたレシピ本で、徹底的な調査に基づき、イタリア全土の伝統的な郷土料理を扱った地方食文化の研究書にもなっている。ただし、日本の料理本に通常あるような写真は一枚も載せていないのに、九百ページを超える大作である。

　イタリア料理の歴史については、Waverly Root, *The Food of Italy* (Vintage Books, 1977) を、イタリアにおけるトマトの歴史については David Gentilcore, *Pomodoro! A History of the Tomato in Italy* (Columbia University Press, 2010) を参照。余談だが、一九五〇年代のアメリカにおけるイタリア料理のイメージを、当時のイタリア人移民の目から描いたスタンリー・トゥッチとキャンベル・スコット監督の *Big Night*（一九九六年、邦題は『リストランテの夜』）は一見の価値がある。本格的なイタリア料理を作る場面も興味と食欲をそそるが、当時のニュージャージー州を中心とするアメリカ社会の様々な側面が浮かび上り、映画そのもののおもしろさに加え、その時代の空気や、移民コミュニティと一般社会との認識の違いなどがよく表されている。

（9）ロサンゼルスのジャズ史およびセントラル・アベニューのジャズ状況については、Clora Bryant (ed.)、*Central Avenue Sounds: Jazz in Los Angeles* (University of California Press, 1999) が詳しい。

（10）カンザスシティのジャズ史については、Frank Driggs and Chuck Haddix, *Kansas City Jazz: From Ragtime to Bebop* (Oxford University Press, 2006) を参照。

（11）引用された国勢調査の一九二〇年から五〇年までの統計は次のサイトからアクセスできる（https://

www.census.gov/population/www/documentation/twps0027/twps0027.html）。二〇一〇年の国勢調査統計は次のサイトから採用したが、セントルイスはトップの五十都市から脱落したため載っていない（http://www.census.gov/2010census/popmap/）。二〇一〇年のセントルイスの人口は以下のサイトに載っている（http://quickfacts.census.gov/qfd/states/29/29510.html）。なお、上記にあげた二つのサイトへの最終アクセス日は、二〇一六年一月十日である。

（12） カウント・ベイシーのブルースに関する引用は、Ted Gioia, *The History of Jazz*（Oxford University Press, 1997, p. 163）から筆者が和訳したものである。

（13） 「参加型音楽（Participatory music）」については、Thomas Turino, *Music as Social Life: The Politics of Participation*（University of Chicago Press, 2008）で提唱されているモデルに依拠した。同書の第二章を参照。

（14） ブルースの歴史と各地方が生み出したスタイルについては、Robert Palmer, *Deep Blues: A Musical and Cultural History of the Mississippi Delta*（Penguin Books, 1982）や Francis Davis, *History of the Blues*（DaCapo Press, 1995, 2002）などが読みやすい入門書だといえる。

（15） 黒人の北部への大移動については、Isabel Wilkerson, *The Warmth of Other Suns: The Epic Story of America's Great Migration*（Vintage, 2010）を参照。ジャズとブルースをはじめ、移動したアフリカンアメリカンミュージシャンも数人登場する。

（16） 参考までに、以下シカゴブルースの代表的なミュージシャンとその出身地を併記する。なお、テネシー州とアーカンソー州は、町によってはミシシッピーデルタ（三角州）の延線上にあると考えてよい。

マディ・ウォーターズ——ギターとヴォーカル（一九一三-八三年、ミシシッピー州）。

ウィリー・ディクスン——アコースティック・ベース、作曲、シカゴブルースのまとめ役的存在、（一九一五-九二年、ミシシッピー州）。

ジェームズ・コットン——ハーモニカ（一九三五年生、ミシシッピー州）。

バディ・ガイ——アコースティックとエレキギター（一九三六-二〇一五年、ルイジアナ州）。

ビッグ・ワルター・ホートン——ハーモニカ（一九一八-八一年、ミシシッピー州）。

ハウリン・ウルフ——ギター・ヴォーカル・ハーモニカ（一九一〇-七六年、ミシシッピー州）。

エルモア・ジェームズ——スライド・ギター（一九一八-六三年、ミシシッピー州）。

サニーランド・スリム——ピアノ（一九〇六-九五年、ミシシッピー州）。

オーティス・スパン――ピアノ（一九三〇‐七〇年、ミシシッピー州。一九五二‐六八年にかけてはマディ・ウォーターズ・バンドのピアニストとして知られる）。

リトル・ウォルター――ハーモニカとヴォーカル（一九三〇‐六八年、ルイジアナ州）。

ココ・テイラー――（女性）ヴォーカル（一九二八‐二〇〇九年、テネシー州。女性歌手ではシカゴブルースを代表する存在）。

ジュニア・ウェルズ――ハーモニカとヴォーカル（一九三四‐九八年、テネシー州メンフィス市マディ・ウォーターズなどのブルースバンドのほかに、ローリング・ストーンズとも共演した）。

サニー・ボーイ・ウィリアムスンI――ハーモニカとヴォーカル（一九一四‐四八年、テネシー州。ブルースハモニカの先駆者でもあり、はじめはカントリー・ブルースを中心にしたが、後にシカゴ・スタイルと呼ばれるモダン・ブルースを作り上げる重要な存在でもある）。

サニー・ボーイ・ウィリアムスンII――ハーモニカとヴォーカル（一九〇八？‐六五年、ミシシッピー州。上記のウィリアムスンIとは無縁。もっとも卓越したハーモニカ奏者の一人として知られ、六〇年代にはヤードバーズやアニマルズなどのイギリスロックバンドとも共演。

第三章

一九六〇年代のフォーク的主体性
——音楽における「本物」追求

ジェームス・ドーシー

一、存在論的にフォークソングをとらえる

音楽ジャンルを定義する方法やアプローチは様々である。音楽性（音階、リズム、使用される楽器など）で細かく分類することも可能であれば、公理で大別することも可能である、というようにだ。

後者についてみてみると、フィリップ・タグは民俗音楽、芸術音楽、ポピュラー音楽という三つのカテゴリーが成り立ち、それぞれのカテゴリーの特徴を理解するには次の要素を考慮することが重要だと指摘する（Tagg 1982）。

（1）「制作と発信」は、玄人によるか、素人によるか。
（2）「大量配給」は、通例か異例か。
（3）「保存と配給の様式」は、口承か、記譜か、録音か。
（4）「当該の音楽範疇」が、生じている社会は、遊牧／農耕か、農耕／工業か、工

業か。

(5)「当該の音楽を製作し配給するための二十世紀における出資様式」は、貨幣経済とは無関係か、公共出資か、「自由」事業か。

(6)「倫理と美学」は、特別か普通か。

(7)「作者」は、不詳か作者名ありか[1]。

こうした商業的、媒体的、社会背景的な要素で音楽を検討してみると、様々な音楽ジャンルの特徴が浮かび上がり、その社会的機能を垣間みることができる。タグの示したこれらの指標をふまえて、東谷護は日本のフォークソングにみる音楽ジャンルの特質を分析している。東谷(1995)によれば、早いペースで進化した日本のフォークソングは各段階で多少性質が違うとはいうものの、全体的にみれば民俗音楽と共有する側面が多い。それは、民俗音楽と同様に日本の初期のフォークソングにおいては、「制作と発信」がおもに素人によるもので、「大量配給」が異例であり、「保存と配給の様式」は口による伝達で、「出資様式」は貨幣経済とは無関係である、といった点に現れている。これらの性質と関係したもう一つのフォークの特質といえば、「自作自演」というスタイルが取り上げられる。つまり、作詞と作曲をした人がその歌を自分で「演じる」、パフォーマンスするということである。

自作自演は確かにフォークの特質でありながら、考えようによってはそれ以上のものでもあるように思われる。というのも、一人の人間が、歌が成立するまでのすべての段階を自分一人でやり遂げるという行為を尊重するコミュニティーがあることに、深い意味が潜んでいると考えられるからである。フォークソングを聞くコミュニティーの音楽観、もしくは世界観が、演じること、パフォーマンスすることを拒み、歌手が自分自身をさらけ出さなければその歌は聞くに値しないという根強い信念の上に成立している、ということである。声がきれい、ギターなど楽器演奏がうまい、メロディーが美しい、そうしたものよりも歌手の素直に自分を表現することが期待される音楽コミュニティーなのだ。日本のフォークソングの原点と行方は、この自作自演する歌手の主体性で決定された。フォークの本質は、現象論ではなく、存在論的に問われることにあるのである。

二、フォークソングにおける「本物」という概念

こうしたフォークソングの特徴には、この音楽ジャンルが現れた一九六〇年代の風潮を垣間みることができる。アメリカにしても日本にしても、この時代は戦後世代の若者の価値観を形成した。間接的にとは言え、第二次世界対戦の恐ろしさを知り、ベトナム戦争を間近に感じるこの世代は、彼らの親の世代の間違いを繰り返してはいけないという信念を抱きながら、より平和な、より公正な、より寛容な世界をつくることを自分たちの責務とした。

アメリカにおいては公民権運動、（ベトナム戦争を中心とした）反戦運動、性革命（フリーセックス運動）、ジェンダー再考などが行われ、日本においても似たような社会問題に対する動きがあった。代表的な反戦運動として、「ベトナムに平和を！市民連合」があげられる。アメリカの引き起こしたベトナム戦争は、日本に設置された米軍基地がなければ実行できないものだったため、日本がその戦争の共犯者と見られた。これに

併行して、公民権運動が部落解放運動という形をとり、高度成長によって広まる「明るい生活」で置き忘れられた労働者（とりわけ山谷や釜ヶ崎を中心に活動する日雇い労働者）の人権を訴える運動も現れた。

アメリカで起きた性やジェンダーの再考は日本でも行われた。一九七〇年に創立した「ぐるーぷ闘うおんな」という組織のマニフェストともいえるチラシ「便所からの解放」のなかに、著者の田中美津が男女の上下関係をなくす行為としてのセックスを唱えている（Mackie 2003:144-173）。明らかにこの時代に男女関係やセックス観が新たに問われたのである。このセックス観と密接な関係にあるのがジェンダー再考というもので、主に女性の正しい社会的立場が考え直された。

この社会問題のすべてがフォークソング運動の眼中にあり、各問題を取り扱う歌もあった。代表的なものだけを簡単に紹介することにしよう。

（1）「死んで神様と言われるよりも／生きてバカだと言われましょうヨネ」などと歌い、太平洋戦争の時に飛び交ったスローガンを覆して反戦を訴える加川良の《教訓》。

（2）部落出身ということで相手の家族に結婚を反対され、自殺する女性を描く岡林信康の《手紙》。

（3）地下鉄工事の労働者の自尊心を高める《おいらの空は鉄板だ》。

（4）広い意味でいう社会から遠ざかり家庭や家族の世話に生き甲斐を求める女性に疑問を投げかける、中川五郎の《主婦《かあちゃん》のブルース》。

このように、戦後世代にとって重要な社会問題のいずれをも、フォークシンガーが曲の題材にして歌っていた。フォークシンガーがまさにその時代の代表的な「声」であったのだ。

このような社会運動の活動家と、歌というもので社会運動を促すフォークシンガーの心の根底には何があったのか。簡潔に述べるなら、社会改善への欲望である。彼らにとって理想の社会は自由にあふれたもので、人々が皆それぞれに自分の世界観もしくはイデオロギーに忠実に生き、充実した人生を送れるようなものであった。これは、誰もが即座に納得できそうな世界観ではあっても、よく考えればそう簡単に現実化できるものではない。何よりもここには一つの強固な矛盾も含まれていた。労働者の権利を主張する者もいれば、資本主義の需要供給の原理に従ってしか経済は成り立たないという者もいて、それが当然ぶつかり合う。戦後の日本国憲法の第九条を何があっても守ると誓う人もいれば、侵略戦争で日本の領土が危うい状態に陥るかもしれないためにしっかりと軍備を備えるべきだという人もいて、ここでも衝突する。つまり自由でありたいという願望を抱くことができても、すべての夢が叶えられる世の中ではない。

では、こうした対立をどう解決するかという問題になる。自分の主張しか認めない、または自分の抱いているイデオロギーを人に押し付ける、という構えは価値観の多様性をよしとする戦後世代では通用しない。どのような主張にも相応の論理があると認め、自分の信念をその絶対的正しさや紛れもない真実として訴えることができない。ここまでくると、残った戦略は一つである。それは、自分の信念に対する情熱と無欲なまでの献身を土台にして熱心に人にアピールし、人に考えてもらおうとするだけである。もしかしたら自分の情熱でその思いが伝わり、同志が一人でも増えるかもしれない、と信じるしか進む道はない。

このような状況であったからこそ、人が主張したことが現象論的に問われることとなく、その代わりに主張した人の「心」が問われることになる。すなわち主張者の存在論的検討となる。歴史的、文化的背景は違うが、この事象に当てはまる説明を、フランクフルト学派のTh.・W・アドルノの著作に見出すことができる。

> ブルジョア道徳は、持ち前の宗教的な規範が解体し、自律的な規範も形骸化したためにさまざまの概念に収斂して今日に至っているが、その中でも「本物《エヒトハイト》」という概念は上位に位置している。今日では人間を内的に拘束するものは何もないかもしれない、しかし各人がごこまでも自分自身に徹するのは最小限の要求である、という風に考えられている。何ものにも惑わされぬ真理への要請と事実性の称揚ということが、啓蒙された認識から倫理の分野に転用されて各人各自の同一性に対する要請となった。
> (Adorno 1979:230)[2]

ここで言及されているのは、宗教的な尺度が崩れ、その他の基準が形式化されたところで、妥協の許されない真実や実証論的事実さえ認識の問題ではなくなり、倫理の問題となる、ということだ。その倫理の根底にあるのは一人一人の人間の genuineness(Echtheit、または「本物」さ)であり、それ以外にどの考えも価値判断され得なくなる、ということである。この世界観のなかで特に注目すべきものは、アドルノが使っている genuineness (Echtheit) という言葉である。アドルノ風に言えば、genuineness とは人が既存のイデオロギーや世界観に頼らず、自分の独特の思考に忠実で、それをなんらかの下心もなしに正直に、または素直に生き抜く、ということである。歴史を遡ってみれば、シェークスピアも『ハムレット』で同じ教訓を次のように断言している。

いちばん大事なことはな、己に忠実になれ、この一事を守れば、あとは夜が日につづくごとく、万事自然に流れ出し、他人に対しても、嫌でも忠実にならざるをえなくなる。（シェークスピア 1967:32）

戦後世代の世界観もフォークソング運動もまさにこのような思想の上に成り立っている。メッセージソングの説得力は歌う人の主体性、つまり歌手の誠実さに基づくものであると言えよう。歌手が「自己に忠実」で、自分なりの生き方でたどり着いた信念をストレートにアピールしたことによって、その信念が受けとめられるところ、すなわち聴き手に届く。〝理屈っぽく〟も実証的にも問われず、フォークソングのメッセージの価値は自作自演の歌手自身の主体性にかかっていると言えるだろう。

三、フォークソングを歌うこと、フォークシンガーであること

この主体性がフォークソング運動にどのような形で現れ、どう機能したかを具体的にみてみよう。自分が「本物」であるかどうかについての疑問を表現したものとして、アメリカの伝説的フォークシンガーと称されているピート・シーガーが、一九六四－五年に放映された自分のテレビ番組で、ジョニー・キャッシュを紹介している場面に

フォーク的主体性の特徴が現れている。かなり裕福な家庭に育ったピート・シーガーは、ハーバード大学に進学できたにもかかわらず政治活動に夢中になり、大学を中退してしまう。その後、バンジョーを弾きながらプロテストソングを歌うようになるが、自分の裕福なバックグラウンドを非常に気にかける。だからこそ番組に招いたジョニー・キャッシュを紹介するにあたって、キャッシュが貧困家庭で育ったことに注目し、自分よりキャッシュの方が本物のフォークシンガーであることを仄めかす。

僕のような北の方の人間は南部の百姓の生活を描いた歌も歌っていた（そういう歌を少し歌う）……僕の口から出るなら、こんな歌はなんとなく馬鹿げて、おかしく聞こえる。だって、僕は綿農業もしたことないし、ロバを駆り立てたこともない。自分のチビピックアップトラックは別として、（本格的な）トラックも運転したことはない。しかし、これから皆様が会う番組のゲストは、アーカンソー州の厳しい肉体労働者の家庭出身で、本人も結構きつい仕事をしてきた。ギターが好きで、歌を作ることも好きだった。彼の歌は全米の人の心に響いたものだった。一九五〇年代の話なんだけれど、その歌を覚えている人もいるかと思う（ここで、ピート・シーガーは“I'll Walk the Line”を少し歌う）。まあ、僕が説明するより登場してもらった方がいいかな。その男の名はジョニー・キャッシュ。言うまでもないが、彼はジューン・カーターその他のミュージシャンと豪華なショーで世界ツアーをしていて、帰ってきたばかりだ。その豪華なショーは確かに素晴らしいもので、それなしにお二人だけで歌ってもらうのは少し失礼かもしれないが、まあ、お二人だけで来てくれるように頼んだんだ。お二人だけだから、少しお話も伺えるし、即興で番組をやれば、お二人をよりよく理解できるかと思う。パフォーマンスでもなんでもない、ただ単にお二人が信じ、何かを感じる歌を歌ってもらおう。(3)

ピート・シーガーの発言から、不利な環境に生まれ育ち、一般人《ピープル》の一人として人民の歌を歌うジョニー・キャッシュに対して、シーガーがコンプレックスを持っていることは明らかである。農家の苦労を体験していないので、その苦しい生活を歌う権利が自分にはないとシーガーは思っているようだ。自分にはない「本物さ」をキャッシュに感じ、敬意を払う。フォーク(folk、つまり「人民」)の一人であるキャッシュは本物だ、というように。こうしたコンプレックスで長年悩んでいたシーガーは別のところでは、「僕はフォークソングを歌う人だが、フォークシンガーではありません(Cohen 2002:89)」とも口にしている。(4)

このジョニーキャッシュの紹介で「本物」を重んじているところがもう一つの形で現れている。遠回しな言い方ではあるのだが、紹介の後半では、キャッシュが世界ツアーで披露している「豪華なショー」をシーガーは否定しているとしか思えない。というのも、そのような計算高いものはパフォーマンスだからである。観客を強く意識し、その欲望に応じるものとしてのパフォーマンスでは歌手の本物の自分が隠される。シーガーが理想としているフォーク的思考では、それより二人だけで出てもらい、練習しておいたところを演じずに「即興」でやった方が二人をより深い意味で理解できることに繋がる。「豪華なショー」で歌う歌は音楽的に優れているかもしれないし、エンターテインメントとしては立派なものかもしれないが、フォーク的主体の基準でみれば、物足りない。二人が「信じ、何かを感じる歌」をストレートに歌ってもらった方がよい、とシーガーは考えたのだろう。

四、岡林信康からフォーク的主体性を考える

○●○フォークと出会う

一九六〇年代から湧き出た政治的活動も、当時流行したフォークソング運動も、こうした存在論的な価値観に基づいている。フォークソングは普遍性のあるものと言っても、海を渡り、日本に定着したとき、日本なりの変形も現れた。日本のフォークソング運動においては、この世界観とそれによって強いられる主体性は、日本独特な進化を辿ることになった。見方によっては、「フォークの神様」というレッテルをはられた岡林信康が誰よりもその主体性が孕む矛盾で悩んだ、と言える。岡林信康のキャリアのエピソードを取り上げながら、フォークソングのこの特徴を探っていくことにする。

岡林信康の経歴を簡単に紹介しよう。一九四六年七月二十二日に滋賀県近江八幡市に生まれた岡林は、キリスト教の牧師を父に持ち、敬虔なクリスチャンとして育つ。一浪して同志社大学神学部に入学し、父親と同じ牧師を目指す。だが、信仰に対して疑問を抱き始め、自分探しのために、一九六六年八月、東京の日雇い労働者と生活を共にしながら肉体労働に従事する。その後も似たような環境で肉体労働を続けることになるのだが、生まれ育った、ある意味では閉ざされた世界とは別の世界を経験したことによって、岡林の意識が「移転」してしまい、一九六〇年代の代表的な社会問題に深い関心を持つようになる。その途中で政治性の強いフォークソングと出会い、自

分もギターを手にとり、歌い出す。気の利いたユーモアと豊かな創造力をいかし、岡林は当時の若者にとってスター的存在になっていく。フォークソング運動の真っ只中で活躍した歌手なので、フォークの主体性とその矛盾を取り込まざるを得なくなる。

岡林は様々な著作のなかでフォークソングとの出会いについて語っているが、そのなかでこの音楽ジャンルの重んじるgenuineness（本物さ）が問題化されている。岡林が初めてフォークソングを生の演奏で聞き、深い感動を覚えるのが、一九六七年六月の高石友也の「反戦フォークの夕べ」というコンサートであった。そのときの状況を岡林は次のように描いている。

> 主催は地域労やったけど、部落解放同盟とか共産党とか、それから協会のなかの政治的に目ざめた人も参加して、ぼくなんかもマジックでポスター書いたりした。「高石友也きたる」とか。
>
> その歌聴いて、とにかくまいった。うまいとは思わなかったけどね、まいった。たとえば「おいらの空は鉄板だ」という歌がある。地下鉄工事で働いてる人の歌で、働いている頭の上は鉄板だ、おいらの空は鉄板だ、というのね。
>
> 自分がちょっと山谷にいてただけなのに、いっぱしのプロレタリアート気どりで、これは我々の気持ちを歌ってる。こういう歌あったんかと、もうむちゃくちゃ感激して……。
>
> それとすごい政治風刺とか、そういう歌もいっぱいあった。
>
> ちっともうまくはないんやけど、自分の思うてることをあして歌にうたったっていいんだっていう発見いうかね。

それまで歌っていうのは、やっぱり作詞家がいて、作曲家がいて、それをうたうのはちゃんと音楽学校出て訓練された人や思うてたからね。
ところが、うまいとかヘタとかじゃなくて、とにかく自分の思うてることを歌にして、うたってる。ほおーっと思ったね。

（岡林 1982:101-102）

ここで注目すべき点は岡林の感動の起源である。高石の歌が「うまくはない」ようなことを二回も繰り返しているから、音楽そのものに感動していないことは明らかである。むしろ、プロの作詞家と作曲家と演出家のコラボをもとにしたパフォーマンスではなく、高石の歌は高石自身の実体験に基づき、その本人が本当に思っていることを表現したものだから、岡林は感動したのである。つまり、なにかしらの既成の評価基準に頼らず、自分をそのまま素直にさらけ出したことに感銘したのである。アドルノ風にいうと、高石がみせた「本物」に岡林が感激したのである。

○●○いかに作曲したのか

高石友也のコンサートを見てから半年が過ぎた一九六七年十一月に、岡林は人前で自分の歌を歌っている。素朴な自分を自作の歌で表現する高石に感動した彼は、言うまでもなく自分の歌も同じ論理で創り、演奏する。飛び入りで出たこのコンサートで彼は、《くそくらえ節》という歌をうたう。この歌手人生の原点でもある《くそくらえ節》の制作過程と自分の思いを、岡林は文章で説明する。例えば一九六九年に出版されたエッセイで、彼が自分の「フォークソング論なるもの」の説明を試みている（岡林 1969:111）。そこでは、簡潔に説明することの難しさから具体的な喩えを自分の作った歌で取り上げた、と語られている。最初の《くそくらえ節》についての記述では、歌の各段落の由来を説明するにあたって岡林が部落解放同盟滋賀県連合会八幡支部に属したころの逸話が紹介されている。まるでこの歌に出てくる事件がすべて自分の体験に基づいていることを強調するかのように、次のような言葉で岡林は話を終える。

> 「くそくらえぶし」はだいたい、このようにして作ったのではなく生れたのである。いわゆるおエライ作詞家や作曲家の先生が、レコード会社から「これこれの年齢層を対象に、こういうムードの歌一発作っておくれ」と頼まれて、お作りなさるのとは大ぶんわけが違うことが、理解いただけたことと存じます。上から与えられる既製品じゃなくて俺たちの生活の歌、下から、まさにケツからわきあがってくる歌、これがフォークじゃないかなあなんてバクゼンと思う。
>
> （岡林 1969:127）

岡林はここでも、フォークソングは他の音楽ジャンルと違って、プロの音楽家がその才能をいかして作ったものではなく、一人の凡人の生活の中から生まれるものだ、と言及している。「くそくらえったら死んじまえ」という表現がサビになっているこの《くそくらえ節》という歌だからなのか、彼は歌の根源をえげつない喩えで表現しているのかもしれない。ここでは、フォークが「俺たちの生活の歌、下から、まさにケツからわきあがってくる歌」と説明されている。つまり、歌手が軽い気持ちで思いついたことではなく、その肉体に根を下ろした、歌手自身の一部分でなければフォークとは言えないと言うのである。

このような形で歌をつくって歌う岡林は時代の風潮にピッタリ合った。既成の評価基準に縛られず、優れた音楽的才能にも頼らず、自分が体験したことを自分の感情で歌う、その誠実さで人の心に訴え、戦後世代の社会問題の意識をくすぐった。ここで、岡林信康の歌手としてのキャリアに火が点く。しかし、その時点から、人々が岡林の歌に感じている「本物」を保ちにくくなったのである。

ステージ上で「おしゃべり」する意味

「本物」の主体性を持続しにくいという問題を理解するためには、フォークソング運動の思想的指導者でもあった詩人で翻訳家でもある英文学研究家の片桐ユズルの言葉を参考にしたい。片桐によれば、「フォークとは、ピープルということで、フォークソングはすなわち人民による、人民のための歌。この人民による、というところがたいせつで、ふつうのひとがギターをかかえて、自分でつくった歌をうたう」というのがフォークソングの定義である（片桐 1969:9）。大学を中退したり、山谷で日雇い労働を経験したり、部落民解放運動に参加したりした岡林は、誰が見ても人民の一人である。その立場から労働者の苦しい生活を《山谷ブルース》や《流れ者》で、部落問題のことを《手紙》や《チューリップのアプリケ》で取り上げ、「人民のため」に歌っていることも確かである。しかし歌手として有名になるにつれてその「人民」的な主体性は薄れる。とりわけ若い層にあまりにも人気が出てしまい、岡林は「フォークの神様」とレッテルを張られ、一般人《ピープル》から疎外されてしまう。

フォーク（人民）の一人であるべき自分が「フォークの神様」と見なされてしまう

岡林はその矛盾を痛感する。一般人との間にできた距離を縮めるために様々な工夫を試み、その葛藤が色々な形で現れる。その一つとして、岡林のコンサートでの歌と歌の間の「おしゃべり」がある。このおしゃべりを聴くのに最適なものが、『あんぐら音楽祭――岡林信康リサイタル』という題名のCDである。このCDは一九六九年三月二十九日に東京神田共立講堂で行われたコンサートを録音したものである。レコードとして発表はすでにされていたが、二〇〇八年に発売された復刻版CDで初めてその音源がノーカットで発表された。

この復刻版を聴いてわかるのは、「フォークの神様」と言われるほど有名になっていた岡林信康が、フォークの精神に忠実でありたいばかりに、自分のカリスマ性を満喫することはするのだが、それを抑えるようにも努力していることである。コンサートが始まるころに、司会者らしき人の深刻そうな声で岡林が紹介される。岡林の宗教精神、それに対する疑問、山谷での肉体労働の経験を経てフォークシンガー岡林信康の誕生に至るまでの過程が、まるで岡林が聖人の領域に達したように真面目な口調で淡々と述べられる。アルバムの表紙の絵もその印象を強める。星条旗柄のパンツを履いていることを別にしても、十字架に掛けられ無精髭の岡林は、いかにもイエス・キリストに似ており、聖人のように見える。しかし、フォークが「人民による歌」であるなら、こういう訳にはいかない。岡林はスターではなく、人民でなくてはいけない。歌と歌の間の「おしゃべり」で、その微妙な立場の保ちにくいことが垣間みられる。彼を誉め称える紹介に続く第一曲目の、学生運動のテーマ曲とも言える《友よ》が終ったところで、岡林が語り出す。

今日は予想といたしましては、この共立講堂の一階の半分ぐらい埋まりゃええやろう。それて、まあ〔……〕よくも、まあ、こんだけ暇な人がいたもんだと思うくらいいっぱい来てもらって、あの、感謝しております。まあ、岡林信康なんてゆったってまあ無名もいいとこでして、知らん人が多いっちゅうくらい有名なんですけど……。

（CD『あんぐら音楽祭――岡林信康リサイタル』、ディウレコード、二〇〇八年）

多数の観客の前で、自分が「有名」であることを確認しながら、その事実を笑いの種にして、へりくだる。自分の知名度の代わりに「無名度」を誇りにする。東京で行うコンサートでは、関西弁で話すことも「普通っぽい」人の印象を強める。この複雑な、矛盾に満ちたイメージづくり（スター的凡人、または平凡なカリスマ的存在）が人気の出たフォークソング歌手に強いられる運命であった。フォークが「人民による歌」として広まるならば、それを伝導する人は一方では自分のカリスマ性によって人々にアピールしなければならない。しかし、同時に他方では人民、つまり「フォーク」の一人という枠を越えたスターになってはいけない。

スター的な存在が、優れた話術で自分のフォーク的凡人の主体性を保たないといけない状況になるのだ。考えれば考えるほど不思議な立場である。先述したように、パフォーマンスする（つまり何かを演じる）ことを拒み、体験に基づいた自分自身をさらけ出すのがフォーク歌手の主体性のあるべき姿ならば、岡林が『あんぐら音楽祭』で作り上げる凡人のイメージを我々はどう理解すればいいか決めがたく思われる。観客で埋まった東京神田共立講堂の舞台に立つ歌手はごう考えても凡人ではないが、「普通の人」が感じたことや思ったことを素直に歌っている、という印象を観客に与えることができる。話すことや服装や振る舞いで、その印象を与える。言いかえれば、何もパフォーマンスしていないことを、パフォーマンスするのである。「本物」であることを、ある意味では工夫して主張する。これこそ人気に火のついたフォーク歌手の主体性が抱える矛盾である。

フォークソングにみる字余り

岡林信康の歌にはそれほど頻繁に現れないのだが、当時のフォークソング全体にはよくあった歌い方で、歌詞の「字余り」という現象がある。ここにも「本物」の主体性に含まれた矛盾がみえる。これは、歌のメロディに歌詞が納まりきれなくて、言葉が「溢れて」しまうような現象である。知名度の高い歌を例に取り上げれば《受験生ブルース》という楽曲がある。中川五郎の歌で、高石友也のアレンジと演奏で有名になったこの歌は、受験生の辛い生活をユーモアたっぷりで描写する。歌い始めから聴き手へ呼びかけるような歌詞で、「おいで皆さん聞いとくれ（o-ide-minasan-ki-tokure）」となり、十音節から成っている。二番以降に出てくる同じ箇所の音節数は随分と変動が激しい。たとえば、「友達に勉強してるかと聞かれたら（tomodachini-benkyoshiterukato-kika-retara）」というのもある。それをすべて発音すると、まったくメロディに収まりきらなくて、歌手が歌うというよりもその歌詞を早口で喋るという感じになる。このような「字余り」の歌い方が一九六〇年代後半のフォークソングには顕著である。

この字余りの歌い方がフォーク的主体性を支える役割を果たす。プロの音楽家の手によって作られた洗練された歌ならば、歌詞をメロディに合わせるテクニックがあるはずだ。それがどうしても無理な場合、言葉がきちんと収まるようにメロディをいじる。しかしフォークシンガーはそうしたことをあえてしない。音楽的才能がそれほどない素人だからこそ歌詞とメロディを合わせることができないという見方もあり、または才能があるにもかかわらずその必要性を認めないからしないという見方もある。いずれにしても歌詞をメロディに合わせない、字余りのままで歌ってしまうため、歌手が聴き手から遠い世界のスターではなく、聴き手と同じ凡人だという印象を与えるようだ。言いかえれば、歌手はプロっぽくない分だけ「フォーク」の一人、つまり本物の人民の一人である。仲間の一人が下手ながらも熱心に自分の意見を歌という形で述べているからこそ、聴き手は耳を貸そうという気になる。

字余りの歌い方はもう一つの機能を発揮している。歌詞とメロディの綺麗な調和を崩してしまうことによって、歌手の自分の歌詞に対する執着心が感じられるのである。フォークソングに多くみられるメッセージソング、プロテストソングは言葉の意味に重みをおいているので、メロディに合わせるという「陳腐な」理由でその言葉をゆがめてはいけない、という信念が根強い。ということは、歌詞の面で妥協しない歌手はそのメッセージを真剣に伝えようとしており、その熱意でまた聴き手のこころが開く。

すでに引用した、フォークソング運動の思想的指導者でもあった片桐ユズルもこの字余りの機能を指摘している。その運動の真っ只中にいた片桐の説明も参考としておきたい。片桐はボブ・ディランの歌の、高石友也の手による日本語訳の歌い方をこう説明する。

わざとたごたごしくうたっているのだろうか。ことばと音楽が格闘して、ことばが音楽をねじふせたような感じのうたい方——あれは、わざとおさえてうたってるのだろうか。〔……〕新しい時代の歌手は、はでにテクニックをひろうするのではなくて、わざとしろうとっぽくうたって、それによって聞き手をよけいに参加させるのではなかろうか。(5)

(片桐 1969:46)

聴き手を「参加させる」ということは、聴き手が歌手と親近感を感じ、歌の目指しているメッセージを自分のものとする、と理解しても差し支えないだろう。

このフォーク的「本物」の主体性を支える字余りという歌い方が抱えている矛盾が見えてきたかと思う。上記で触れたステージ上での喋りと同じく、字余りは、その起源では素人が素直に自分の本音を歌っている証であったとしても、歌手が少しでも巧くなれば、その素人らしさ、一般の人民の雰囲気をまたプロがいかすパフォーマンステクニックと変身していく。「本物」として歌うことが生き甲斐だったフォーク歌手は知らず知らずのうちに、素の自分ではいられなくなり、素の自分に見えるパフォーマーに進化せざるを得ない。

労音との関わり

フォークソング運動全体の特徴である字余りとその矛盾の話題から、岡林信康のキャリアに焦点を戻そう。岡林本人が有名になるにつれてフォーク歌手として保つべき一般人民の資格が消えていく。「本物」の一般人民ではなくなると同時に、作る歌も自分の体験に基づいたものとは別のものに変わる。

日雇い労働者の人権や部落解放、反戦などの社会問題に取り組む活動家だった岡林は、一九六八年の五月から高石事務所に所属し、事務所が組み立てるスケジュールで、主に勤労者音楽協議会、いわゆる「労音」の集まりで歌うようになる。当時の彼は、月に平均二十五回も舞台に立っては歌ったという（岡林 1982:250）。コンサートだけならまだよかったかもしれないが、歌い終わってから必ず飲み会兼反省会も設けられ、岡林にはその参加も期待された。そうした集まりの状況を彼は自著でこう書いている。

民青チックっていうか、そういう思い入れでぼくをとらえて持ち上げてくれることが、じつはぼくには気持ち悪くて……。

（岡林 1982:43-44）

「民青」とは日本民主青年同盟のことで、一九六〇年代の学生運動の中でも最もイデオロギーに拘りを持った団体のひとつである。それゆえに、歌いに行っただけの岡林がイデオロギー的批判を浴びなければならなかったのである。

その批判を「気持ち悪く」思ったことがエスカレートし、岡林はそのイデオロギーをうるさく語る人々の問題意識さえ疑い始める。一九六九年当時の『朝日ジャーナル』でのインタビューで彼は、その問題意識に関して以下のように物申すことになる。

労音――単細胞人間の集団といった印象。彼らは自分の基盤を疑うことを知らない。テレビ、クルマを買えればうれしいんだ。一年間回ってみて正体がわかった。

（『朝日ジャーナル』一九六九年九月七日号）

ここにも岡林のフォーク的思考が反映されている。労音の人たちのイデオロギーそのものというよりはそのイデオロギーの持ち様に異議があるように思われる。その「基盤を疑う」ことのない、物欲しそうな俗っぽい、偽善的な構えに岡林は反発している。つまり、アドルノ風に言えば、「自律的な規範も形骸化した」状況のなかで、労音の人々は「自分自身に徹」しておらず、「本物」が欠けていることになる。フォーク的思考の下でそう判断した岡林にとって、その付き合いが耐えられない負担になるわけである。

先に引いた『朝日ジャーナル』インタビューでの「労音――単細胞人間の集団」発言が知れわたり、コンサート後の反省会での批判が過激化する。岡林の発言をみてみよう。

それが労音の人たちの読むところとなって、岡林は過激派だから追放せにゃいかんみたいな話になったらしい。やたら合評会でつるし上げられて、もうクタクタになってアホらしくなった。

それともう一方ではフォーク・ゲリラとか何とかいう連中から、商業主義的なフォーク歌手だ、とののしられ、万博を茶化して反博の会場でかなりつるし上げられたね。

そこからかな、歌っていうもんを政治運動の一つの道具と考えるような人たちとミゾができたのは。右も左もそういう連中の頭の構造は同じだと思い出したんや。

(岡林 1982:45-46)

批判を浴びるだけにとどまらず、「つるし上げられる」という表現を用いていることからみても、岡林がどれほど精神的にきつい環境にいたかは想像がつく。こうした状況下で岡林が自分のやっていることを考え直すのは不思議ではなかろう。

この長い引用で注意すべきところはもう一つある。岡林にとって、右翼も左翼も同じようなものに見えてきたことだ。唱えているイデオロギーはもちろん極端に違うのだが、常に自分たちの基盤を問い直さず、できあがった規範に強く頼り過ぎ、一人一人の自由を認めなくなったことに関しては、右も左も同じである。右翼にしても左翼にしても、どちらも「本物」を失っている。

このような自身の周りで起こっている状況に苦しむ岡林は、途中で自分にも疑問を抱くようになる。上記で引用した一九六九年の『朝日ジャーナル』でのインタビューで、彼は自分が「本物」のフォークシンガーではなくなっていることを次の言葉で仄めかす。

今の環境からは逃げだしたい。事務所は確かに一つの根拠地ではあるが〔……〕もう疲れきった感じ。過去の経験からしか物がいえない。自己の進歩がない。〔……〕今の状態だと、自分自身さえ体制的じゃないかと自問してしまう。

（『朝日ジャーナル』一九六九年九月七日号）

「過去の経験からしか物がいえない」とは、人民の一人として社会活動をしなくなったことによってフォーク（人民）を代表する立場にはもう自分はいない、という意味で捉えていると思われる。さらに「自分自身さえ体制的じゃないか」という表現も注目に値するものである。ここでいう「体制的」は確定的な規範、または決まった肯定された構えで、本当の自分に忠実じゃなくなっている、という意味と言えよう。時代に取り憑かれた、自分自身に徹する「本物」がない、ということを嘆いている。

○●○「蒸発事件」

自分は一体何者か、という実存論的危機感に惑わされた岡林は、仕方なく「蒸発事件」を起こす。岡林信康の「蒸発事件」は一九六九年九月二十三日に発生したもので、東京で行うはずだった労音のコンサートの数時間前に岡林がホテルから逃げ出して行方不明となり、その後の三カ月分のコンサートがすべて中止になる。マネージャーを勤めた井上良介宛の置き手紙に、岡林は自分の「蒸発」の理由をこう語っている。

> もう歌う気力がなくなってしまいました。このままでは、精神的にカラッポの、歌う機械になってしまいます。〔……〕もう一度、自分をブッこわして新しく成長したいのです。
>
> （岡林 1980a:69）

この発言は岡林の「本物」を復活させる宣言として読んでもいいように思われる。以前の経験をいかして作った歌を「機械」的に歌うのではなくて、今の自分の生活に密着した新しい歌を心から歌えるようになりたいと言っているようなものである。それを目指すのなら、「歌う機械」になっている自分を「ブッこわして」しまうしかないということである。

岡林自身と歌の関係をより詳しく説明している、当時の岡林の文章がもう一つ残されている。ホテルの置き手紙の二日後の一九六九年九月二十五日に書いた手紙で、同志社大学の先輩で、部落解放運動でも活躍していた牧師の鳥飼慶陽に宛てたものである。この手紙は鳥飼がよこした手紙に対する岡林の返事になっている。鳥飼が岡林のコンサートのやりすぎによる疲労を心配し、手紙に色々な注意を書いた。鳥飼が言うには、岡林が自分の原点だった社会活動から遠く離れ、色々なところで歌いまくっていることによって、歌手としてまたは人間として、疲れ果てるのではないかという危うい状況に陥っている、と。上記の引用の繰り返しになるが、以前岡林が書いたエッセイに次の文章があった。

上から与えられる既製品じゃなくて俺たちの生活の歌、下から、まさにケツからわきあがってくる歌、これがフォークである。（岡林 1969b:127）

鳥飼はその比喩をふまえて岡林にこう呼びかける。

あなたの持論「うたちゅうもんは、ババみたいなもんやねん」ということについてです。ぼくも、これまでの生活の中でホントやなと思ってきたことです。ことばでも、うたでも、なんでも、自分が食べたものの中からでてくるわけで、へんに自分のものでもないものを無理して出そうとすると、とんでもないモノがおでましになるんです。

ところが、あなたの持論が見事的中して、あなたは、このところ、ババもビッチュー（学術用語では、下痢と申しますナ）になっておられる。

（鳥飼 1980:66）

下品な喩えを使ってはいるが、この鳥飼の説明で岡林の問題がフォーク的主体の性質に基づいていることがわかる。鳥飼がいう生活の中から生まれる「自分のもの」の大切さは、「本物」でいることや「己に忠実」でいることが大切だということと同じ意味だと考えてよい。体を張り、実際に体験していることを消化した上で歌わない限り、歌は健康的なものではない。鳥飼は同じようなことをより明確な言い方で繰り返す。

自分の生活の中から、ことばは叫ばれ、うめかれ、あふれでるもんですナ。このような生活のダイナミスムを、とりもどすということが、ビッチューをなおす道だと思うんです。〔……〕あなたがもとの一人の無名の〝働き人〟にもどり、そこを起点、根拠地、アジトとして、長く自分のうたをつくっていく、といったことが、是非必要なのではないでしょうか。

（鳥飼 1980:67）

つまり、岡林がフォークシンガーの「本物」の性質を保たない限り、彼は精神的消化不良を起こすことになる。人民と共に汗と悔し涙を流し、その体験を基にした歌を作り、歌うべきだと鳥飼は主張している。

岡林がまた、自分の手紙でその比喩とそこから生じる論理を確認しながら鳥飼の認識が的中していることを認める。手紙の冒頭で岡林は自分の「蒸発」を「鳥飼さん、ゲリを治しに旅へ出ます！」と説明する。さらに、このような文章を続ける。

鳥飼さん、あなたが言われるように、メシを食わなけりゃ、ババなんてでてきません。毎日、歌えば歌うほどに、空しくなるこの気持ち、もう一度、当たり前の人間としてやり直したい。（岡林 1980c:71）

これは、プロテストソング運動の基礎にもなっている歌手の「本物」の度合い、または体験と歌の密接な関係を確認する発言として読める。カリスマ的歌手が許されないフォーク界なので、岡林は「当たり前の人間」に戻ろうとする。その生活が足の地についたものならば、また健康的なババ、つまり、信用できるような歌が自然に生まれる。こうしたフォーク独特の論理で自分も周りの人も納得し、岡林は長野県の田舎に一ヶ月以上も引きこもり、友人の山小屋でゲレンデを作る作業をする（岡林 1982:46）。

この事件ではフォーク的主体性に根強く存在している矛盾がはっきりとわかる。日雇い労働者の権利や部落解放の運動を経験した岡林は歌い始めた時点において、「本物」のフォーク歌手の資格を持っていた。しかし、その歌の力、またはアピール力といったものは経験に基づいた分だけ、時間が経てば経つほど、歌われれば歌われるほど、力が衰えてしまうわけである。最初は歌手の痛切に感じたこととして受け止められたメッセージがそのうち、形骸化された規範に見えてくる。パターン化され、マンネリ化され、歌手の気持ちが伝わらなくなる。ここで注意すべきなのは、この過程は必ずしも歌手の気持ちの移り変わりとは限らない。歌手の気持ちが聴き手にどう聞こえるかというものである。岡林信康がずっと強い信念を持ち、熱意に溢れて歌い続けても、その献身が疑われるようになる。「本物」であるオーラが薄れていく。

抽象的に思いついたことを軽い気持ちで歌ったメッセージではなく、自分の身体を張り、心の深いところで痛切に感じ、悟ったことを歌うというフォーク的主体性の基盤は長く保たれない。歌う本人は歌えば歌うほど、その原体験から離れ、「本物」でなくなる。加えて、歌を聞く側も同じ歌手が何度もパフォーマンスする歌に感動しなくなる。ここでフォーク的主体性を保とうとするならば、残るすべはたった一つとなる。それは、「本物」であるオーラを醸し出す技巧を磨くことである。同じ歌を歌い続ける、もしくは、同じような歌（プロテストソングなど）を歌い続けることがマンネリ化したものとみなされるなら、歌手が常に新しい自分、進化した自分を披露しなければならない。以前とまったく違った雰囲気の自分を表現したら、その自分が新鮮に見え、その新しい自分に成りきったことで、それがより「本当」の自分として聴き手に映る。フォーク的主体性で欠かせない「本物」の限界に打ち当たった岡林信康は、「蒸発事件」後はまさにその路線を辿るようになる。

歌詞で表現する「本物」の追求

このフォーク的主体性の「本物」を保てないことと「本物」を醸し出す技巧に、意識的にせよ無意識的にせよ、岡林は気づいたようである。「蒸発事件」からの約六カ月後に岡林は復活している。しかし、以前のプロテストソングを弾き語りばかりで歌う岡林はもういなくなっていた。一九七〇年六月に発表する二枚目のLPレコード『見るまえに跳べ』では岡林はエレキギターを弾き、後に伝説的ロックバンドと呼ばれるようになった、はっぴいえんどがバックで演奏している。[6] 岡林のこの変貌はサウンド的なものだけではない。以前好んでいた比較的ストレートなプロテストソングが、より複雑な歌詞となりロックソングへと変わっていった。

注目すべきことは、『見るまえに跳べ』に収められた何曲かに、「本物」のオーラを醸し出す論理が表現されていることである。《自由への長い旅》が格好の例である。ピアノの美しい演奏で始まるこの曲で「いつの間にか私が私でないような……」と岡林が歌い出し、サビの部分では「私がもう一度／私になるために／育ててくれた世界に／別れを告げて旅立つ」と歌う。

この歌詞が岡林の体験に基づいていることは容易にわかるだろう。社会活動から疎外され、「歌う機械」になっていることで悩んだ岡林が自分を「ブッこわして」生まれ変わろうとしている過程が描かれている。「フォークの神様」ではなく、「本物」の「私になるために」、岡林が「育ててくれた」プロテストソングの世界に「別れを告げて旅立つ」のである。

この旅が永遠に続くことも歌詞上で暗示されている。歌詞をもとに以下に確認してみよう。「信じたいために／疑い続ける」という表現が歌に二回も出てくる。つまり「本物」の自分でいられるように、生まれ変わりを繰り返さなければいけなくて、常に新しい自分を作り出さないといけない、という理論を明確に表現したものである。より正確にいうならば、自分が「本物」に見られるように常に新しい自分を見せなければならない、ということなのだ。《自由への長い旅》は、その矛盾も含んだフォーク的主体性の厳しい要求を巧みに表現した歌である。

同じレコードに収められた《私たちの望むものは》にも、似たような論理がみられる。この歌の前半は社会改新の呼びかけで、私たちが「生きる苦しみ」より「生きる喜び」を求めよう、と主張する。また人を殺すことではなく、人と共に生きることを目指そう、というフォーク好きな人なら誰でも納得できるような歌詞となっている。しかし、そうした決まりきったことを言い続けることは、一九七〇年代では聴き手には新鮮に聞こえてこない。メッセージがマンネリ化したものに感じられ、インパクトがなくなっている。ハートが伝わらなくなっている。その現状がわかっているかのように、歌の真ん中で私たちが「たえず変わっていくこと」を主張し、歌の後半は前半とまったく逆のメッセージを訴える。今度は「生きる喜び」を捨てて、「生きる苦しみ」を、人と共に生きることを諦め、人を殺すような意味の歌詞が出てくる。同じ歌の中でも、歌手である岡林は一八〇度転回し、違った自分をさらけ出すわけである。そのレトリックをいかすことによって、岡林は、フォークの決まり文句に拘らず、以前から唱えられているものを繰り返すだけではなくて、反対のことを主張する。その転回によって、真剣に考えて、痛切に感じたことを伝えようとしている岡林の心構えが、聴き手に伝わる。フォーク的主体性の論理に基づいた、残された唯一の手であったわけである。《自由への長い旅》の歌詞を借りていうならば、「育ててくれた世界に／別れを告げて旅立つ」のである。

　これは、フォーク的主体性の中心である「本物」のオーラをいかに保てるか、またはいかに蘇らせるか、という技巧を凝らした歌詞である。《自由への長い旅》ではそのプロセスを説明し、《私たちの望むものは》では同じプロセスが歌詞に表されている。いずれにしても初期のプロテストソングの原理から遠ざかっており、何かを訴えるというよりも、訴え方を探った歌となっている。これこそ「本物」が疑われた証拠ではないだろうか。

「本物」のミュージシャンへの希求

「蒸発事件」から復活し、生まれ変わった岡林は典型的なプロテストシンガーではなくなっているのだが、やはりフォークソング運動から様々な性質を引きずっていく。たとえば、フォークから離れて「人民による、人民のための歌」を追い求める必要がなくなるが、形が違うとはいうものの、「本物」という概念とその追求が孕む矛盾に取り組む活動は続く。今度はプロテストシンガーとしてではなくて、音楽家として「本物《エヒトハイト》」を追求することになり、どう生き、どのような音楽を作るべきかによって、岡林は悩む。

自分が抱く政治的思想やイデオロギーがマンネリ化していない、それを自分が心から信じていることを強調するためにフォークシンガー岡林信康は、メッセージを常に変えなければいけない大切さに目覚めた。これと似たような過程がミュージシャン岡林信康のキャリアで際立つようになる。具体的にいうと、岡林が度々自分の音楽ジャンルを根本的に考え直し、雰囲気の違ったジャンルのレコードを次から次へと発表するわけである。落ち着いた弾き語りの歌ばかりだと、音楽家としてマンネリ化していると見なされる。弾き語りスタイルがファンに媚びているように見え、ミュージシャンとしての成長がないと感じる人もいる。「本物」のミュージシャンでいようとするなら、新しいジャンルに常に挑戦しないといけない。

「蒸発事件」から復活する岡林は、まさにその経路を辿る。一九七〇年四月に東京に移り住み、翌年の九月までそこを拠点に控えめな音楽活動をしながら、ボブ・ディランのLPをひたすらに聞く。東京をあとにすると次は岐阜県へ、そして京都府下の山村に住居を構え、農業をしながら少しずつ本格的なカムバックに備える。一九七三年の秋に『金色のライオン』、そして一九七四年の秋に『誰ぞこの子に愛の手を』を発表する[7]。これら二枚とも複雑な歌詞とロック調のサウンドという面でボブ・ディランの影響が大きく反映している。

この二枚には政治性の強いプロテストソングがなくて、どちらかと言えば「自分探し」の色が強く出ている。岡林自身がこの前者のレコードを「自己分析のアルバム……。売れない俺のアルバムの中でも最高に売れない」（岡林 2011:90）ものと言い、後者は「岡林信康の病気のカルテ」（岡林 1982:251）と述べている。かつて「フォークの神様」として人気を博した歌とはまるで違うものだから、自分のファンが離れていくことを岡林は覚悟していたようだ。しかしこの変化は、プロテストシンガーだった時代に「いかに自分は無理し、緊張し、いかにがんじがらめに自分で自分をぬりかためて」いたかを証言するのに必要であったとも語っている（岡林 1982:171）。多くの人に期待されている、既存の音楽的規範に縛られていなくて、自分と自分の音楽的ビジョンに忠実であることを示すために、まったく感覚の違ったレコードを出す必要があったのである。これこそ「本物」の音楽家がやるべきことだ。

「本物」の追求はその後も続く。ディラン的ロック調のレコードを二枚立て続けに出してから、岡林は誰も想像がつかない音楽的転回をする。彼は、友達に勧められ、デビューしたばかりの演歌歌手の西川峰子の歌を真剣に聞き、自分のどこかに昔から潜んでいた演歌の性質が蘇ってくるのを感じる。この思いは、一九七五年の三月、演歌ばかりが収録されているLPレコード『うつし絵』の発表に結実する。本人の説明によれば、この転回も自分に忠実でいようという動機からわき上がってきたものであり、牧師の息子や反戦フォークの旗手というレッテルを貼られて「演歌なんか遠ざけてきた……演歌に対してはあんなものは体制のものやとか軟弱やいうて、どこかで無理に、やせがまんして遠ざけていた」（岡林 1982:169-170）」と述べ、西川峰子の歌を聞いたところ、「僕も山に囲まれた村の住人として、なんとのう親近感も感じたりして、いよいよのめりこんでいった」（岡林 1982:179）と述べている。

その後、自然に演歌を作り出し、レコードができてきた。当然、この転回でそれまでの岡林ファンが離れていく。しかし、時代もフォーク的主体性も要求した「自分自身に徹する」ことは岡林のこうした活動によって満たされる。自分に忠実でいる岡林が「本物」のミュージシャンの証拠となったのである。演歌の『うつし絵』を出してから、岡林は色々な音楽ジャンルを試し続けることになる。

彼の音楽的転回を最後にもう一つだけ取り上げたい。岡林独特の「エンヤトット」サウンドである。この転回で見られる「本物」の追求は他のものと形が違って、民族性が関わり興味深い。岡林がいうエンヤトットは、韓国の打楽器集団のサムルノリにも影響されたと言われ、ギター演奏に太鼓と笛が加わり、祭囃子の延長線上にある音楽ジャンルと考えていいように思われる。『エンヤトットでDancing!!』という自主制作のテープで初めて発表したものが代表的であるのだが、ここではその音楽性よりもエンヤトットを編み出すきっかけの方が重要であると考える。

日本の民謡にもあるリズムを活かすエンヤトットへと岡林を駆り立てたのは外国旅行中に現地で耳にした音楽である。一九八七年の著作で岡林はそのエンヤトットの発想の起源をこう語る。

そのあと日本に帰ってきて、色んなところで耳にする日本人の音楽と称するもののの多くが、ロンドンやニューヨークで聞いたものの焼き直しでありコピーであり、もっとハッキリ言えば盗用でありサルマネにしか過ぎないとしか思えなくなってきたのです。

（岡林 1987:41）

ここで明らかになっていることは、自分に忠実でいようと思う者は自分の民族的ルーツにも忠実でいなければならない、ということである。これまでは個人単位で考えていた岡林が、人とその国や国の伝統のつながりも考慮するようになったことである。その思考に至ったのは、言うまでもなく本物のミュージシャンが作る音楽も変わることである。これらについて岡林は以下のように述べている。

物真似ではないオリジナルとは一体何なのだろう。こんなことを悩みはじめたあたりから、どうも歌が書けなくなってきました。〔……〕日本語にしっくりと解け合うサウンド、リズムとは一体なんなのであろうか。初めて日本古来の民謡を真剣に聞いてみました。

（岡林 1987:41-42）

こうした着眼点から太鼓と笛を取り入れたエンヤトットへと通ずる過程が約束されたと言えるだろう。

五、フォーク的主体性と一九六〇年代精神史——結論に代えて

アメリカ同様、一九六〇年代の日本で一時期流行っていたフォークソングは、他の

音楽ジャンルと違って、歌手の主体性に重みがおかれ、歌の価値判断は歌手に対する存在論的なものであった。メロディの美しさや楽器の巧みな演奏などは二の次とし、その演奏者の演奏している歌との関係が何よりも注目を浴びていた。その音楽観には戦後世代の若者の世界観が色濃く反映されているように思われる。より平和で、公正で、寛容な世界を夢みたこの世代は、同時に人それぞれの自由を認めようとしたため、決まったイデオロギーなどに絶対的価値、または絶対的真理を見出そうとしなかった。というのも、こうしたイデオロギーに強く拘った思考が少数意見の持ち主などへの抑圧につながることをよく知っていたからだ。

そこで一九六〇年代に成人した若者は自分の政治に対する関心をどう表現すべきか、どう活動につなげるべきか、迷ったあげく、個人の純粋で固い信念や熱意を優先し、無私に熱心に意見を訴えることを「よし」とした。アドルノ風にいえば、人の主張を判断するにはその本人が「自分自身に徹する」ことを必要条件とし、その人が「本物」であることを確認した上でしかできない。シェークスピア風に言うならば、人が「己に忠実」であれば、「他人に対しても、嫌でも忠実にならざるをえなくなる」と言えよう。この政治的世代が好んだフォークソングはそうした価値観の上で成立し、歌手が自分の体験に基づいた、自分の独特の考え方で聴き手にアピールする音楽ジャンルとなったわけである。本稿では、一九六〇年代において、フォークソングにおける主体性を貫いた一人である岡林信康のキャリアを事例として考察を重ねた。

岡林のフォークソングとの出会い、労音との葛藤、フォークソング運動の脱出、音楽家としての進化を分析したことによって、その「本物」を重んじるフォーク的主体性の孕む矛盾と保てない様が明らかになった。問題は、人が「本物」(の活動家、または音楽家）でいても、その印象が他人に伝わらない限り、意味をなさないことである。さらに、自分の（社会改善に対しての、または音楽ジャンルに対しての）真剣さ、または熱意を他人に訴えようと思うのなら常に自分を「ぶっ壊し」ては新しい自分を作り直さないといけない。同じ構えでいる人はマンネリ化しているように見えるからだ。

政治的な構えにしても音楽的な構えにしても、それを常に変えないといけないことが「本物」であることの必要条件ならば、どちらにしても結局は疲れ果てるに決まっている。途中で音楽家は色々と素晴らしい業績を残すこともあるだろうが、一九六〇年代の若者が目指していた根本的な社会改善はそううまくはいかない。社会運動には持続性が必要である。時代の風潮が生み出し、フォークソング運動が普及した「本物」の追求は、追求すればするほど達成することが難しいという矛盾を孕むという理由で、学生運動崩壊の一つの原因でもあったのではないかとも思われる。

注

（1）ここでは、三井徹（編訳）『ポピュラー音楽の研究』（音楽之友社、一九九〇年）の日本語訳を利用した。

（2）本論文のキーワードとなる「本物」は、英語では“authenticity”や“genuineness”というのだが、これはアドルノの長く続くテーマの一つである。本稿を書くにあたっては、『ミニマ・モラリア』以外に以下のものも参考にした。Theodore Adorno, *The Jargon of Authenticity*, trs. Knut Tarnowski and Frederic Will (Evanston, IL: Northwestern University Press, 1973)。なおドイツ語の原文は一九六四年に出版されたものである。また、Martin Jay, "Taking On the Stigma of Inauthenticity: Adorno's Critique of Genuineness," in *New German Critique* 97, vol. 33, no. 1（Winter 2006), 15-30. もアドルノのこの概念を理解するのに非常に重要な論文と思われる。

（3）Pete Seeger, "Rainbow Quest," Advertisers Broadcasting Company が作ったテレビ番組。一九六五年にニューヨークのWNJU-TVというテレビ曲が放映したもの。インターネット配信もある（https://archive.org/details/RainbowQuest39）。最終アクセス日は二〇一六年二月一日。

（4）訳は筆者による。なお、原文は以下の通りである。"While I am a singer of folk songs, I am not a folksinger..."

（5）片桐は別のところでもフォークの中の字余りという現象を分析している。とりわけ重要だと思われるのは、片桐ユズル『関西フォークの歴史についての独断的見解』（URCレコード、一九七五年）である。また、フォークソング運動における訳詞と字余りの問題を結びつける見方は以下の文献を参照。辻俊郎『フォークソング運動――二十五年目の総括』（新風舎、二〇〇一年）。この本はフォークソング運動全体の流れと問題点を簡潔に分かりやすい形でまとめている。

（6）フォーク歌手のこの形での生まれ変わりには前例がある。ボブ・ディランが一九六五年のニューポートフォークフェスティバルで高校以来、初めて人前でエレキを弾き、バックにポール・バタフィールド・ブルースバンドがいた。

（7）岡林の伝記的情報は『岡林信康の村日記』（講談社、一九八二年）の「年表」によるものがほとんどである。

第四章

戦前日本の音楽文化にみるヒエラルキーとデモクラシー

永原宣

はじめに

アメリカにおける日本社会史研究者として名高い業績を残したトマス・C・スミスは、明治維新の起源とその後の日本の近代国家への変貌について論じた「日本の貴族的革命」において、維新前後の政変を次のように評している。

日本には民主主義革命はなかった。なぜならばその必要がなかったからである。貴族制〔アリストクラシー〕自身が革命的であった……もし民主主義革命があったとすれば、貴族制は革命的ではなかったであろう[1]。(スミス 2002)

簡潔ながらも力強い言い回しで、スミスは徳川幕府のみならず、身分制度などに代表される江戸時代の社会制度の劇的な崩壊が、主にその社会において支配階級を構成しながらも、近代的な国民国家をつくらんがために自らの特権的な身分を廃止した武士たち自身によって推し進められていったものだった、と主張している。同時に、論文の結論部分でスミスは明治維新によってある種の文化的な普遍化がもたらされたと、次のように論じている。

〔維新後の日本での〕成功は伝統的技能や趣向とは関係が薄く、複式簿記、商法、英会話、ドイツ音楽、フランス絵画、スコッチウィスキーなどと多く関係していたのである……それらの物事について、日本のすべての階級は、一八六八年以後の一、二世代の間、文化的に平等であった。人々がこれらの物事を家庭で学べないのは、外国語や微積分をそこで学べないのと同様である。それらの科目は学校でのみ教えられており、学校はすべての人に開かれていた。（スミス ibid）

このような明治期における文化の民主化とも捉えうるイメージは、維新直後の劇的な社会的変動によって生み出されていったと想像されるエネルギッシュな雰囲気を魅力的に描いているだけではなく、明治時代から現代に至る近現代日本の文化史を理解する上で、一つのわかりやすいストーリーを示している。スミス自身は「維新後の一、二世代」と限定しているものの、文明開化から始まり二十世紀における新興中流層やマスメディアの拡大などへとつらなる歴史上の展開を、際限のない文化の普遍化として直線的に捉えることは、今日においても一般的な見方ではないだろうか。

「蓄音機からインターネット上の音楽配信へ」というような展開が想起されるときに、日本のみならず世界における大衆文化やマスメディアの歴史は必然的に「普遍化」や

「民主化」などという概念と密接に組み合わされてきた。しかし、実のところ「維新後の一、二世代」後の日本において自らを「中流階級」であると認識する人々が増え、多種多様なメディア商品が消費されていく一方で、同時に様々なヒエラルキーが日本における文化的な営みの中で構築、あるいは再構築されていった。そしてこれは伝統的に上流階級などと関連づけされてきたものだけではなく、むしろ多くの場合皮肉にも文化の普遍化・民主化をもたらそうとする試みにおいてこそ、より端的に現れてきたともいえる。

このような文脈のなかで、例えばマスメディアの発展は、たんに文化の普遍化をもたらすものというよりは、一方では文化を享受する人々の範囲を劇的に拡大しながらも、他方では「より望ましい文化」とは何かを表現・規制する装置として作用することにより、文化をめぐるポリティクスを複雑化させるものとして現れてくる。

こうした傾向は近代日本における音楽文化の発展と二十世紀におけるその変容の中で特に顕著であり、ここでとりわけ重要だったのが、明治以降の日本において西洋古典芸術音楽の中心的な担い手たちによって作り上げられていった、いわゆる「楽壇」の成立である。この楽壇とはいうまでもなく画壇・文壇・論壇などのように、維新後の日本の文化界において、様々な文化・芸術分野の主流派——つまり英語で言う「establishment」——が、その分野ごとに「壇」というキーワードで認識されていったものの一つであり、それぞれの分野における指導者、あるいはゲートキーパーと呼びうる人々によって構成されていたものである。このような集団のメンバーの多くは、明治期の日本に流入していった西洋の知的・審美的規範の体得、さらには大学・音楽学校などの国家的文化プロジェクトへの参画によって権威づけられ、近代日本の文化的なヒエラルキーの頂点として自他共に認められるようになっていった。しかし、これら「壇」の文化的優越性は、二十世紀において文化をもその射程に収めた大量消費社会が出現するなかで、次第に挑戦・超越の対象ともなっていった。

ここではこのような明治から昭和初期にかけての楽壇の出現と変容を、近現代日本における文化をめぐるポリティクスの一つ重要な事例として考察する。明治政府が新たに制度化された義務教育において音楽を導入しようとした時代から戦後に至るまで、日本において音楽、とくに西洋音楽を普及させようとした様々な試みのなかで、「ヒエラルキー」と「デモクラシー」という一見相反する二つの志向は共に多くの関心を集め続けていった。この二つの志向に対する問いは、一九六〇年代以降の変動のなかに生まれた新たな社会的、技術的な現実によって初めて（少なくとも表面上は）無効化されるまで、日本社会全体に影響を及ぼしていったのではないだろうか。

六〇年代以降の展開は後述するが、先ずは主に二つの局面に注目したい。一つ目は明治維新直後に国家によって推し進められた改革の結果として楽壇が最終的に出現したプロセスのなかに、日本国内だけではなく地政学的な要因にも起因する二つの重要なヒエラルキーが内包されていたことについて、そして二つ目は昭和初期のマスメディアの勃興が明治以降に構築された文化的なヒエラルキーを脅かしただけではなく、場合によっては日本社会における楽壇の立場を強化する役割をも果たした点についてである。

一、明治期の洋楽受容における二つのヒエラルキー

明治国家と音楽との関係についてはすでに多くの研究が蓄積されており、明治初期からの政府関係者による西洋の軍楽や音楽取調掛による義務教育への西洋古典芸術音楽、いわゆる「クラシック音楽」導入の試みなどについて明らかにされてきた（奥中2008、塚原1993, 2009、中村1987, 2003）。しかしこれらの研究においても指摘されているように、明治国家による音楽的な取り組みの多くが軌道に乗り、日本の音楽文化のなかで「洋楽」「邦楽」などというよく知られているカテゴリーが成立したのは明治後期になってからのことであった。自らの政治的、経済的な存立基盤を確保することに追われていた維新直後の新政府にとって、西洋の音楽文化がその関心の的となるのは初めから自明のことではなかったのである。これは、近代的な義務教育制度を設置するために一八七二年に制定された「学制」において「唱歌」「奏楽」が教科として指定されながらも、同じ法令の中に「当分之ヲ欠ク」という但し書きを付け加えられたことにもうかがえる（山住1971）。実際に音楽教育に関する模索が本格的にはじまったのは、七年後の一八七九年に音楽取調掛という部署が文部省内に新設され、当時東京師範学校の校長であった伊澤修二が音楽取調御用掛に任命されてからのことであった。

しかし明治国家と西洋音楽との距離はたんに時間、あるいは政策上のプライオリティーの問題だけではなく、当時の政治的エリート層の中の少なからぬ人々が音楽に対して抱いていたアンビバレントな感覚にも起因していたようにみえる。実際、明治維新とその後の国民国家建設の中心を担った多くの士族出身者たちにとって、西洋音楽だけではなく「音楽的」なものが全体的に軽薄で卑俗なものと捉えられがちであっ

たことが当時の記録から浮かび上がってくる。例えば、幕末から明治初期にかけて欧米に派遣された使節に加わった面々の音楽体験が紹介されている文献もあるが（中村1987）、そこでは、彼らが旅先で目の当たりにした政治経済などにまつわる多くのものが日本での徹底的な改革の必要性を痛感させるものであった一方、彼らが西洋の音楽文化を体験した際に困惑し、場合によっては嫌悪感さえも感じていたことが明らかにされている。特に槍玉に上がったのが、訪問先で度々催された舞踏会であり、これに対しては万延元年（一八六〇年）の遣米使節に参加した福澤諭吉でさえも次のように記している。

彼方の貴女紳士が打ち寄り、ダンシングとかいって踊りをして見せるというのは毎度のことで、さて行って見たところが少しもわからず、妙な風をして男女が座敷中を飛びまわるその様子は、どうにもこうにもただ可笑しくてたまらない、けれども笑っては悪いと思うから成るたけ我慢して笑わないようにして見ていたが、これも初めの中は随分苦労であった。（中村 1987）

また、福澤と同じ使節に参加した森田清行も「実ニ観ルニ堪エス」と、舞踏会の感想を書き残している。中村も指摘しているように、福澤や森田だけではなく、使節団のほとんどの参加者にとって、「公然と男女相擁し歓を尽くして憚らないその姿」を目の当たりすることは、居心地の悪い体験であったようだ。

しかし、ダンスだけではなく音楽そのものが問題視されていた様子は、その他の欧米滞在者にまつわる史料にうかがうことができる。その一つに、明治期において外務官僚、貴族院議員として活躍した吉川重吉の自叙伝がある。吉川は一八六〇年に周防国岩国藩主家に生まれ、幼いながらも一八七一年に日本を出発した岩倉使節団に加わり、その途上で使節団一行が訪れたアメリカ東海岸のボストンに留学生としてとどまり、一八八三年には日本人として初めてハーバード大学の学部であるハーバード・カレッジを卒業した人物である（小川原 2013）。吉川はハーバードに一八七九年に入学する前に、「Rice Grammar School」と「Chauncey Hall School」に在籍していたと自叙伝に記しているが、そこで学んだ科目を列挙するなかで、音楽について次のように書き残している。

> 尚を此外に唱歌をも課せられしが、予は同学の同胞と共に、他の諸学科を専心勉励すべし云う口実の下に、之を免除せられたり、蓋し其真意は、日本守旧の孝にして、当時予等は唱歌を甚だ野卑なる行為と考え、之を嫌悪せしに外ならざりしなり、之と同じき理由を以て、遂に舞踏をも為さざりき。（吉川 2013）

ここに見られるように、吉川や彼と同じ学校に在籍していた日本人が音楽教育に拒否反応を示したのは、それらが西洋のものであったからではなく、より単純に「歌う」「踊る」という行為が「野卑」であると認識していたからであった。これは吉川自身が「日本守旧の孝」に起因したものであったと証言したように、ここで吉川は当時の士族エリート層の中に存在していた音楽に対する一つのヒエラルキー的な感覚を端的に言い表しているのではないだろうか。この感覚とは、塚原康子（2009）が指摘する「〔明治国家の式学として保護されていた〕雅楽以外の歌や楽器演奏を遊芸とみなす音楽観」であり、一般的な音楽を「俗楽」として「取締りと改良の対象」として認識するものであった。いうまでもなくこれは明治時代に入ってから突然生まれたものではなく、むしろ江戸期において、少なくとも建前上様々な遊芸が身分制の区分に対応させられていたことに深く関わっていたと思われる。つまり、維新前後の士族エリートと洋楽との出会いにおいては、音楽そのものを卑俗視する文化的なヒエラルキーが支配的だったのであり、その影響は、加藤善子（1997）に示されているように、のちの楽壇草創期の多くの中心的な人物が体験した音楽を職業とすることに対する周囲の無理解や批判にまつわる多くのエピソードにも表れている。

同時に、岩倉使節団のその他の参加者のなかには早くも西洋音楽文化の一面に極めて強い魅力を感じる人物もいたようだ。特に、使節団一員でもあり、その正式記録である『特命全権大使米欧回覧実記』を編纂した久米邦武は一行が、ボストン滞在中に参加した音楽会について興味深い感想を残している。この音楽会とは一八七二年の六月に開かれた「世界平和祝典と国際音楽祭」（The World's Peace Jubilee and International Music Festival）という、アメリカにおける南北戦争（一八六一－六五年）とヨーロッパにおける普仏戦争（一八七〇－七一年）の終結を祝して開かれたものだった。この音楽会と岩倉使節団との出会いについては、奥中康人（2008）で詳述されているが、ここでは回覧実記の中の久米による以下の感想に注目したい。

この日は英国近衛兵の軍楽隊が緋色の服、熊の毛皮の帽子で大音楽会に参加した。その演奏はイギリスの音楽の精髄ともいうべきもので、一曲終わると聴衆の喝采が鳴り止まず、アンコールを望むと、軍楽隊は独立戦争の時に捕らえられたが堅い愛国心を保って屈しなかったアメリカ人の賛歌という曲を演奏、アメリカ人たちは感動の極致に達し拍手と足拍子がしばらくは鳴りもやまず、またもやアンコールを望むのであった。（久米 2005）

聴衆の熱狂に圧倒されたかのような久米の記述は、すぐさまそのより大きな政治的な意味合いに読者の注意を促していく。

五大洲の中に大小の国があり、それぞれの風俗のもとに暮らしているのだが、自主独立を遂げれば、それぞれ自らの生国を愛する心が鬱勃として湧き起こるのは、ちょうど自分自身を愛し、自分の家を愛するのと同然である〔……〕愛国心は人情の自然として生まれるものであって、これが忠誠心の根元なのである。欧米の人々が文明開化を論ずる場合、まず愛国心のことから論じ出す。自分自身を大切にせず、生まれた家を捨て、故郷を顧みず、自分の国を嫌う者は、わが国の伝統的な教えからも背いているのだが、西洋の文明からも評価されないところである。（久米 ibid）

ここで久米は音楽がいかに愛国心を鼓舞するために有用であるかを指摘するだけではなく、愛国心と「開化」をつなげることによって、音楽に関する記述を岩倉使節団にとっての最重要課題ともいえる「西欧近代文明と日本との関係」という文脈のなかに持っていくのである。この文脈のなかでは、福澤が『文明論之概略』などで指摘したように、西欧の「文明国」に対して日本は「未開」ではなくとも「半開」であり、様々施策を通して文明国になるべきだとの認識が明治維新後の政治的エリートたちの間で広く共有され始めていた（福澤 2002）。つまり、久米がボストンの音楽会で出会った「文明」とは、士族エリートの伝統的な音楽観を圧倒し得るもう一つのヒエラルキーを体現するものであったのだ。

実際のところ、岩倉使節団がボストンを訪れた数年後に文部省は伊澤修二をボストンからほど近いブリッジウォーター師範学校に留学生として派遣し、滞米中に伊澤はアメリカにおける音楽教育に出会うことになる。また、伊澤の帰国後の一八八四年には音楽取調掛によって初めての学校唱歌集である『小学唱歌集』が出版され、少しずつではあるが日本の教育制度のなかに音楽を導入する具体的な動きが始まっている。ここで大変興味深いのが、伊澤や彼の協力者たちの間でも、「文明」と「士族的音楽観」ともいえる二つのヒエラルキーにたいして注意が払われていたことである。例えば、伊澤の滞米中に留学生監督として面倒を見ていた目賀田種太郎はニューイングランド音楽院での講演において、江戸時代の日本の音楽の社会的背景を次のように解説している。

> しかし、強力な封建制度が十三世紀から一八六九年まで、非情な厳しさをもって続き、偏見が人々を諸階級に分けたのである。人々の風習も慣習も同様に分けられ、厳しい遮断が人々の間になされた。
>
> （東京芸術大学附属図書館 1974）

目賀田は、このような区別が国民国家を建設するべく身分制度の解体を進めていた明治政府にとって受け入れがたいものであるとの認識を示した。目賀田の江戸時代の音楽文化に対する見方はかなり粗いものであり、特に身分制度を固定化されたものであったと強調している点で、むしろ近代に対比するものとして明治時代に新たに創り上げられた「江戸観」を多分に含んでいる（塚原 ibid, Gluck 1998）。言うまでもなく、実際には身分制度は江戸時代を通して複雑化し、場合によっては崩れていったものであり、音楽文化においても身分間の壁というものは目賀田が言うほど厳然としたものではなかった。しかし、同時に吉川の例にも見られるように、音楽を「俗」なるものとして見下す風潮は実際に存在していたのであり、伊澤や目賀田にとって、音楽教育の主要な目的の一つに、かつて吉川などが持っていた音楽観を超克しうる「国楽」を創生することがあったといえよう。

さらにここで重要なのが、伊澤は単に「文明」というヒエラルキーをもって「士族的音楽観」という別のヒエラルキーを乗り越えていったのではなく、むしろ「国楽」を創ろうとする中でその両方に影響されていたのであり、その結果としてその後の学校教育における西洋古典芸術音楽の優位性というものが確立されていったことである。伊澤は唱歌教育における「国楽創生」の方法を協力者でありアメリカにおける音楽教育の第一人者であったルーサー・ホワイティング・メーソンに宛てた書簡で次のように示している。

我々が目的とするのは、ヨーロッパやアメリカの音楽の完全受容ではなく、新たな日本音楽を創ることである。〔……〕諸外国から移入された曲は日本に適応させられなければならない。歌詞は必然的に国語で書かれていなければならない。偏狭なミッション・スクール以外に、外国語で歌が歌われている例を私は知らな

（東京芸術大学百年史編集委員会編 1987）

い。[2]

ここで伊澤は、一見日本固有の文化の保護を全面に出しているようにも見受けられるが、同時にこれは西洋音楽の上に日本語の歌詞を乗せることによって、西洋音楽を「適応」させるというものであった。彼にとっては、日本の在来音楽のなかにそのまま唱歌教育＝国楽創生に用いられるものが皆無であるというのが大前提であり、まして「俗曲などは曰く「士人の趣味を淫佚に導き、為に雅正善良なる音楽の振興を妨害する」だけではなく「国家の対面を毀損する」存在であった（山住 ibid）。つまり、ここで国楽としての洋楽は「文明」の一部として受け入れられるだけではなく、「雅楽以外の在来音楽＝俗楽」に代わる音楽となる使命をも持たされることになったのである。

明治国家によって進められた洋楽受容は、その後の日本における音楽文化の展開、特にその後の楽壇の形成に多大な影響を及ぼしていった。また、これは音楽に限られたことではなく、とくに美術における「壇」の形成にも見られた現象であった。

明治国家の文化政策は、音楽や美術を国家的な教育制度のなかに組み込んでいっただけではなく、結果的に双方にとって中心的な人材を養成する機関を作る事によってそれぞれの「壇」が形成される土台を作ったといっても過言ではない（塚原 ibid、佐藤 1999）。音楽の場合では、一八八七年に音楽取調掛を発展させる形で東京音楽学校が創設され、伊澤が初代校長に就任し、また同時期に同じく文部省により東京美術学校が設置され、こちらには岡倉天心やアーネスト・フェノロサが関わっていた。前者においては、その初期の主要目的が義務教育における音楽教員の養成であったのに対し、後者は設置当初から新たな世代の美術家、とくに画家を養成することをその目的としていた（佐藤 ibid）。しかし、その後の東京音楽学校においても、次第に教育目標の中心は芸術としての音楽を専門とし、第一線で活躍する人材、つまりプロの音楽家の養成に移っていったのであるが、奥中康人（ibid）が指摘しているように、このような変化の背景には明治後期における「芸術としての音楽」の認知の広がりがあったのではないだろうか。

もちろん、官立の東京音楽学校だけが洋楽の担い手を養成していたわけではないが、幸田延、滝廉太郎、山田耕筰など、明治から昭和にかけての楽壇の中心人物の多くを輩出した。また、戦後になると東京音楽学校と東京美術学校は共に東京芸術大学に包括され、現在に至るまで日本における芸術界に強い影響を及ぼし続けている。

同時に注意すべきなのは、加藤善子（2005）が詳しく論じているように、音楽教育以外の明治国家によって作り上げられた教育制度を通して音楽学校出身の音楽家たちと共に楽壇を形成することになるアマチュアの「音楽愛好家」、そして「評論家」という二つの集団が生み出されていったという事実である。前者の場合は特に官立の高等学校における教養主義的なカリキュラム、あるいは課外活動をとおして西洋音楽に接していった場合が多く、都市部の富裕層、新旧中間層、あるいは華族出身者など、戦前期におけるエリート層を主体としていたといえる。

このような音楽愛好家の多くは、その教育課程を終えると同時に音楽活動からも「卒業」してしまうことが多いようであったが、そのなかでも大田黒元雄、田辺尚雄や堀内敬三のように、楽壇において批評家、翻訳家、出版者として活躍していった人物もいたのである。実際、戦前の楽壇における主要な音楽家の多くが音楽学校出身者で占められていたのに対し、音楽評論家の多くはむしろ旧制高等学校、大学出身者であり、音楽以外の科目を専攻していた人々であった。

いずれにせよ、戦前期の楽壇の中心を形成していたのは、一方では官立の音楽学校出身者たちであり、他方では旧制高等学校、大学の卒業生たちだった。彼らの教育水準、また多くの場合その家族の経済的背景や社会的な立場を考慮すると、全体として紛れもなく当時の日本におけるエリート集団の様相を帯びていたのである。そのような楽壇の面々の多くが、「士族的」なものであれ「文明的」なものであれ、明治初期に存在した文化的なヒエラルキーやエリート的な感覚をなんらかの形で継承していたことは想像に難くない。

しかし同時に、戦前期の楽壇メンバーたちの主要な活動の一つに社会階層をこえた日本社会全体における西洋古典芸術音楽の普及があったのであり、これはまさに伊澤たちが目標とした「国楽」の振興に連なる動きであった。つまり、明治国家による洋楽受容のプロセスのなかに内包されていた、一方で文化の普遍化を目指す「デモクラティック」な志向と、他方で新旧の社会的・地政学的な価値観によって規定されていた「ヒエラルキー」への志向とが共にその後の楽壇の中心的なメンバーたちのなかに内在し続けていたのはないだろうか。だが、二十世紀の中頃に差し掛かるころには、経済・社会・技術などの様々な分野における劇的な変動によって、この二つの志向を抱えた楽壇は新たな展開を迎えることになる。

二、マスメディアの勃興と文化・批評の商業主義化

一九三二年の一月に、批評家の中井正一は朝日新聞に連載された「『壇』の解体」

という論文において、日本の当時の文化的エリートたちの直面していた新たな現実について四回にわたり論じている。そのなかで中井は明治憲法の条文をもじって、「文壇、画壇、楽壇、歌壇、俳壇、乃至学壇、評壇等々、それはそれぞれ犯すべからざる神聖なるにはである」と述べている（中井 1932）。そして、中井によるとこの「聖域」は芸術的価値を守るためだけではなく、むしろそれらに関わる人々の経済的な利益を確保するためにあるのだが、同時にこの既存の「壇」のあり方こそが、根本的な経済変化によって「解体」を余儀なくされ、新たな「資本的企業形態に転換する」ことが求められているのだと論じている。さらに、このような文化的なパラダイムシフトを体現するものとして映画をあげ、特にその「レンズを視覚とし、トーキーを耳と喉にし、委員会をその決意とし、企画的社会的組織をその血液とする」ような「社会的集団的性格」が、映画を「最も未来ある芸術」であると多くの同時代人に認識させているのだとしている。

中井の議論はまさに昭和初期の日本におけるマスメディアの勃興によってもたらされた文化的な変動の核心を突いている。なかでもよく知られているのが、この時期における出版業界の急激な拡大であり、この分野ではそれまで比較的限られた読者層に向けられていたメディアが、「大衆」というはるかに大きなオーディエンスにむけて発信されるものに転換されていったのである。その最も重要な例として、一九二五年の雑誌『キング』の出現があり、これは当時の編集部員の一人が言ったように、「中軸から上の読者を狙っていた出版界にあって、こんごはさらに下というように下げて読者層を開拓した」ものであり、面白さ、安さを追求したものだった（佐藤 2002）。結果的に『キング』の編集部の目論見は大成功を収め、一九二八年には業界のなかで初めて百万を超える発行部数を誇るまでに至った。またこれと同時に、『改造』や『中央公論』など既存の出版メディアもその読者層を拡大しようとし、前者の場合は一九二六年に売り出された『現代日本文学集』を皮切りに、廉価版全集の販売を拡大することによっていわゆる「円本ブーム」の火付け役となった（大澤 2015）。

以上のような「大衆化」の流れは、音楽が消費される形態をも根本的に変えていった。『キング』が発刊された一九二五年には東京のラジオ放送局であるＪＯＡＫが放送を開始し、翌年には大阪、名古屋の放送局が合同する形で日本唯一のラジオ放送局としての社団法人日本放送協会が設立された。戦前期のＮＨＫは逓信省の監督下にあり、基本的に国営放送としての性格を色濃く反映していたが、その国家的性格は放送網・聴取者の拡大につながり、一九四五年までには全世帯の四十五パーセントまでもが受信機を持っていたことからも明らかなように、戦前の一般家庭のなかにもっとも広く浸透していった電子メディアであった(3)（Kasza 1993）。そして後述するように、ＮＨＫは放送開始直後から西洋古典芸術音楽の普及を目指す楽壇の動きとつながっていくのである。

しかし、同時に日本の音楽文化にとって重大な変化をもたらしたのが一九二六年の日本ポリドールの設立と翌年の日本ビクター・日本コロムビアの設立に象徴されるレコード産業の劇的な拡大である。日本における蓄音機・レコードの販売は明治後期から行われていたが、一九二〇年代後半の欧米資本の参入は日本のレコード業界が本格的な音楽産業へと脱皮していく契機となった。とりわけ、ビクター・コロムビアの両者は設立直後から新たなポピュラー音楽ジャンルを構築し、これを自ら「流行歌」と題して売り出していった。この時代の「流行歌」にはいくつかの特徴があり、それはたとえば中山晋平や古賀政男の作品にみられるような和洋折衷的な音楽が用いられたり、歌詞においては西條八十のものにみられるような同時代の世相を活写しようとするものがあったりしたのだが、同時代の人々から一番注目された特徴はむしろ「歌」が商品として近代的な産業によって生産されていく様であった。その一例として、権田保之助は一九三六年の論文で流行歌について次のように語っている。

今日、流行歌は夜に昼に絶えず新しいものが生産されつつある。もっとも以前とても絶えず新作の流行歌が現れてはいた。しかしその時代の流行歌は時代が作り人心が作り、時代が歌わせ人心が歌わせていた。所が今日の商品としての流行歌は会社が作り資本が作り器械が歌って、人は呆然としてその趣向に感服している。商品としての流行歌は、それが一時に多くの人々をびっくりさせることによって、一時に何十枚かのレコードを売りつくしてしまえばよい。（権田 1936）

ここで権田は音楽が「生産」される速度と量の劇的な上昇を指摘するだけではなく、過去と現代の流行歌の違いを強調している。権田にとって現代の流行歌を特徴付ける一番重要な要素はレコード企業が作曲・作詞からレコードのプレスに至るまで、つまり流行歌生産の全工程を掌握していたことである。実際、レコード会社が流行歌製作において発揮した独占的な力は中山や西條のような有名作家までもがフリーランスではなく専属社員として特定のレコード会社に連なっていたことからもうかがえる。このような状況下で、多くの人々がマスメディアの勃興と文化の商業主義化を既存の文化的なヒエラルキー、つまり「壇」の崩壊と同一視したことは理解に難くない。そのような楽壇人の一人であった評論家の伊庭孝は、現代において生活・文化の移り変わりのテンポがあまりにも早くなってしまったため、もはや「現代に於いては、良い音楽と悪い音楽とを区別する必要さえないのである」とまで言い切っている（伊庭 1934）。

三、堀内敬三と楽壇におけるマスメディア的変革

しかし大澤聡（2015）が指摘しているように、出版業界の拡大やラジオ・レコード産業などの新しいメディアの出現は、同時に既存の「壇」を構成していた人々にも新たな、そして常に拡大し続けるオーディエンスにつながる機会をも提供していたのである。楽壇におけるこの傾向をもっとも顕著に表していたのが堀内敬三（一八九七－一九八三）のキャリアではないだろうか。株式会社浅田飴の創業家に生まれた堀内は、幼少期から東京・神田で恵まれた環境の中に育っていったが、そのころすでに街ゆくジンタの音色や日比谷公園で開かれていた音楽会など、音楽に対して強い興味を抱いていたと後に回想している（堀内 1998）。その後、堀内は小中学校を通してより体系的な音楽教育を受けていくことになるが、それよりも一九一五年に大田黒元雄と出会ったことこそが彼の楽壇との関わりのきっかけとなった。大田黒自身、一八九三年に日本における水力発電の推進者として活躍した大田黒重五郎の長男として裕福な家庭に生まれ、その財力を背景に自由に文化的活動を進めていくなかで日本での音楽評論の草分け的な存在として有名になった人物である。大田黒をとおして堀内は西洋古典音楽に対する造詣を深めるだけではなく、同世代の重要な音楽家や評論家達に出会ったのだった（堀内 ibid）。

しかし後に楽壇の中心的なメンバーとなる同世代の人々と同様に、堀内も音楽を生業とするには家族の理解を得るのが難しかったようで、一九一七年にはミシガン大学の学部で機械工学を専攻するために渡米しており、その後のマサチューセッツ工科大学（MIT）で同じく機械工学を学び、一九二三年には修士号を取得している。アメリカ滞在中の堀内は学業に励む傍ら、西洋古典芸術音楽だけではなくジャズなど当時アメリカで流行っていた様々な音楽を体験することにも多くの時間を割いていたようである。堀内はミシガン大学で音楽科目を履修し、合唱団に加わっただけではなく、MIT在学中はボストンという地の利と自らの財力を十分に活用して、毎週末のようにボストン交響楽団のコンサートやニューヨークでのオペラ・芝居観劇に勤しんでいたのであった（堀内 ibid）。

一九二三年九月に震災直後の日本に帰国した堀内は、「まごまごしているうちに東京に放送局ができて、そっちへ誘惑されてしまったものだからそれで工学と縁が切れた」と語っているように、一九二五年に東洋音楽学校で講師としての職を得た後、同年十一月に東京放送局の洋楽主任となった（堀内 ibid、村井 2011）。JOAK入局以前にも堀内は音楽に関する論考などを新聞・雑誌に寄稿しており、またラジオにも東洋音楽学校講師として伴奏や音楽放送の解説者としてすでに出演しており、アメリカから帰国した数年のうちに、洋楽界における活動を活発化させていった。一九三三年まで続いた堀内のJOAK／NHKでの仕事については村井沙千子（2011）で詳述されているように、西洋古典芸術音楽の番組制作や解説だけではなく、放送歌劇やジャズなど実験的な取り組みも含む多様なものだったようであり、ラジオという新しいメディアをとおして洋楽全般を日本に根付かせようとするものだった。

さらに、堀内の活動は次第にラジオ以外のメディアにも広がり始め、それについて堀内自身がつぎのような興味深い回想を残している。

今から考えるとおかしいけれど、その時の私たちの想像力はとても今日の盛況には思い及ばなかった。これはレコードについても、トーキーについても同じようなことが言えた。新しい仕事は面白いとは言え、海のものとも山のものともつかない不安があったし、それに実際何の実も結ばず消えてしまった大発明や大発見もたくさんあったのだから、後から考えるとむなしく金儲けの機会や立見出世の機会を取りにがしたようでも、その時その場にいる人にはなかなかわからないのが当然だろう。
（堀内 ibid）

このような好奇心と不安の双方に突き動かされるように、堀内はレコード産業、トーキー映画、出版界など、様々なメディアに関わっていくことになるが、その後の活躍ぶりはマスメディアの将来性に関する当初の不安を文字通り笑い話にしてしまうようなものであった。

一九二八年に堀内は当時アメリカでヒットしていた“My Blue Heaven”“Song of Araby”という二曲をそれぞれ《私の青空》《アラビアの歌》というタイトルで翻訳し、これがコロムビアから二村定一の吹き込みで発表され、同社の初期のヒット・レコードの一つとなった。また、《私の青空》は一九三一年制作の日本初のトーキー映画『マダムと女房』（松竹、五所平之助監督）に挿入歌としても使われ、日本の音楽、映画史にその名を残しただけではなく、アメリカにおいて原歌が忘れ去られて久しいのに対し、日本では今でもよく知られた戦前期の作品の一つである。堀内の映画との関係はさらに深まり、一九三五年には《私の青空》だけではなく溝口健二監督作品など、日本のトーキー映画史において先駆的な役割を果たした松竹蒲田撮影所の音楽部長にも就任している。

さらに、一九三〇年代後半になってくると、堀内はその活動を出版界のほうにも広げていき、一九三六年から三八年にかけて音楽雑誌の『月刊楽譜』の発行名義人、『音楽世界』の主幹となり、戦時統制下のために一九四一年に両誌が『音楽倶楽部』と合併させられ『音楽之友』が創刊されると、その出版社の取締役社長に就任した（寺田 2003）。いうまでもなく、この会社は戦後には音楽之友社として楽壇を代表する総合出版社として続いて行く。

戦後期に入ってからの堀内はＮＨＫでの活動を再開し、占領期初期にアメリカのラジオクイズ番組である「Information Please」を真似て制作された「話の泉」というヒット番組に人気回答者として出演しただけではなく、一九四八年には今でも続く「音楽の泉」という西洋古典音楽専門番組に解説者として一九五九年まで出演し続けた（堀内 ibid）。

このように、堀内は一九二〇年代以降自らの経済的背景、海外経験、そして新たに出現しつつあったマスメディアを存分に駆使することによって、楽壇において中心的な人物の一人になっていっただけではなく、メディアにおいて楽壇の草創期以来の積年の目標であった洋楽の普及を推し進める第一人者となった。

堀内については、その戦時下における特にジャズなどの「敵性音楽」とみなされたものに批判的な言動も指摘されており、たとえば一九四二年一月に『音楽之友』に掲載された「大東亜戦争に処する音楽文化の針路」という記事においては、「米・英と戦うとき、我らが米・英の音楽を閉め出すことは当然すぎるほど当然である」とまで言っている（Atkins 2001、堀内 1942）。しかし、同じ記事において堀内は洋楽全体を敵視する風潮に対して、「邦楽の多くは江戸文化の産出したもので、今日の時局から見て特に奨励すべきでないものがある」とし、「邦楽を遮二無二押し立てようとするのは偏狭な国粋論者である」とも批判している。つまり、戦時下においてさえ、堀内やその他多くの楽壇関係者は洋楽普及を追求する姿勢を貫いたのである。

また、堀内の上記の邦楽批判にもあるように、戦時下の国粋的な雰囲気の中において明治期にみられたような「江戸的」な在来音楽を国家の目的に相容れないものとする考え方が再浮上している点は大変興味深い。しかしこの批判は邦楽だけに向けられたものではなく、むしろ邦楽的な要素を含んだ流行歌をも含んでいたようにみえる。実際、堀内が邦楽に言及する直前に、「表面だけ時局に即応したように見せて実質は営利主義から大衆に迎合すべく頽廃的又は悲観的な内容を持つもの」を「時局便乗」と断じ、「こうした歌曲は根絶すべきである」とまで言っているように、彼や楽壇にとっての主たる「敵」は戦時下においても、先ほど述べたような一九二〇年代以降にレコード産業によって売り出されていった和洋折衷的な流行歌だったのではないだろうか。

おわりに

戦時下の堀内の言動にもみられるように、明治期における楽壇の成立に際して現れた「デモクラシー」や「ヒエラルキー」に対する志向の相克は、マスメディアの勃興やその他の歴史的状況の変化に対応するかのように形を変えながらも、二十世紀の日本の音楽文化に長い影を落とし続けていたのではないだろうか。このような状況は戦後しばらく続き、進歩派の知識人などによって文化の民主化を目指す運動が活発化した一九五〇年代においてでさえ、流行歌が激しく批判され続けたことが見受けられる。この流れは一九六〇年代以降の経済成長のなかで、日本人の大多数が自らを「中流」と意識し始めただけではなく日本社会全体を「総中流」と見なすようになり、その社会の「総中流化」によってもたらされた生活の平均化を視覚的・時間的に体現するメディアとしてテレビが出現するまで続くのである（Sand 2012、吉見 2010）。それ以降、音楽だけではなく、日本における様々な文化的・芸術的な領域において「ヒエラルキー」志向は、少なくとも表面上は和らいでいったかのようにみえる。その一番最近の例として、国家的なレベルでアニメや音楽など、日本のポピュラー・カルチャーとみなされるものを「クール・ジャパン」と称して海外へ売り込もうとする動きがある。しかし同時に、日本において「総中流意識」が崩壊しただけではなく、世界的に様々な格差が認識されている今、文化的な営みにおける「ヒエラルキー」と「デモクラシー」に対する問いは新たな局面を迎えながらも、再浮上しようとしているのではないだろうか。

注

（1）日本語訳では論文のタイトルが「日本の士族的革命」と訳されているが、ここでは原著のタイトル（“Japan's Aristocratic Revolution”）により近い「貴族的革命」という言葉をあえて使用する。この論文でスミスのいう「貴族」とはいうまでもなく徳川幕府時代支配層側であった士族をさしているが、スミス自身、世界史的な観点を持ち込むために明治維新を“samurai revolution”ではなく、あえて“aristocratic revolution”と呼んでいることに留意すべきであろう。

（2）筆者訳。

（3）この普及率は、アメリカ、ドイツ、イギリスに次いで、世界第四位であった。

II

新たな日本研究の視座

シンポジウム

「日本文化に何を見た？」

二〇一五年一月二十四日（土）

成城大学三号館三一教室

講演

永原宣（マサチューセッツ工科大学）

ジェームス・ドーシー（ダートマス大学）

マイク・モラスキー（早稲田大学）

司会・コーディネーター

東谷護（成城大学）

第五章

家（ウチ）なるアメリカからみるニホン

——家族史としての日米近現代史

永原宣

タイトルにつけた「家（ウチ）なるアメリカ」とは、吉見俊哉さんの『親米と反米』（岩波新書、二〇〇七年）に出てくる言葉をもじったものです。吉見さんはこの本のなかで、それまで基本的に「外」側の他者としての存在だったアメリカが、とりわけ戦後、徐々にポピュラー・カルチャー、消費主義、日米同盟などを通して多くの日本人のあいだに内面化されていった、「内なる」ものになっていった過程を、とてもわかりやすく語っています。この言葉には感じるものがありました。これは私の家族の歴史、あるいは私が日本の近現代史を専攻するようになったプロセスにも密接に関わっているので、ちょっとデフォルメした形で論題に借用させていただいたのです。

＊

さて、そこでまず、日本でもアメリカでもなく、ヨーロッパの話から始めさせてください。生まれも育ちも神奈川県なので、幼少期をヨーロッパで過ごしたわけでもないのですが、どういうわけか、歴史に興味を持ち始めた子供のころ、一番最初に惹かれたのがヨーロッパ史だったんですね。とくに古代から中世、遅くても近世あたりまでの歴史が、すごく好きでした。同世代以外の方はご存じかも知れませんが、私が最初に出会った歴史本の一つが、『学習漫画　世界の歴史』（集英社）でした。これは古代エジプト、メソポタミアから始まり、世界史の主な人物やでき事を扱っている子供向けの漫画シリーズで、そのなかの何冊かはヨーロッパ以外の歴史も扱っているのですが、かなりヨーロッパ中心主義的な歴史です。ただ、だからこそ子供のころはそれに惹かれて、むさぼるように読んだのを覚えています。

そのあと、小学校から高校時代までは、近所の図書館に毎週のように通いながら、ひたすらヨーロッパ史の本を読みました。ローマ史やビザンツ帝国史、あるいは中世イタリアの都市国家の歴史などに惹かれましたね。

正直にいうと、当時は日本史にはまったく関心がありませんでした。もちろん、テレビの時代劇などは面白く観ていたのですが、なぜか、それが日本史への興味にはつながりませんでした。

高校生になると、私のヨーロッパへの興味は、いつかヨーロッパに行ってみたい、住んでみたい、という思いにまで膨らんでいました。その理由の一つには、自分が小学校から高校まで、インターナショナルスクールに通っていたことも関係しているのかもしれません。なぜそういう学歴になったのかは、のちほど触れる私の家族史にもつながっているのですが、いずれにせよ、私が高校を卒業するころには、旧文部省の方針で、インターナショナルスクールの卒業生が日本の大学に進学する門戸がとても狭く、たいていはヨーロッパか北米の大学へ進学することになりました。ですので、私の頭の片隅に、「いつか日本を出るんだ」という考えがあっただけではなく、「早く日本から出たい」「見慣れた場所から逃げたい」という思いがあったのでしょう。なぜそこまでして日本から逃げたかったのか、今では自分でもうまく説明しきれませんが、それが、私が大学へ進学するころの心境でした。

同時に、私のヨーロッパへの興味が、アメリカへの関心にはまったくつながらなかった、ということにも触れておく必要があるかと思います。ヨーロッパと違って、アメリカが私自身にかなり近い存在だったからかもしれません。私が通っていたインターナショナルスクールには多くのアメリカ人の友人がいましたし、親の仕事の関係で、五歳ころから何度かアメリカに行ったことがありました。また、子供のころから親戚のなかには数人、日系アメリカ人がいることを知っていました。一方、ヨーロッパには大学生になるまで行ったことがなく、よりエキゾチックな場所に思えたのでしょうね。

とはいえ、悲しいかな、そのインターナショナルスクールはアメリカのカリキュラムに則していたので、ヨーロッパの、特にイギリスの大学に行きたくても、それに必要な資格を取得することができず、泣くなくアメリカの大学へ行くことになりました。それでも悪あがきというか、単純にヨーロッパに近いという理由だけで、最終的にはアメリカの東海岸の大学しか志願しませんでした。そうしてある小さな大学に入学して、そこでさっそく歴史を専攻したのです。指導教官には、ビザンツ史が専門の先生をお願いしました。

アメリカの多くの大学生は、四年間のうちの三年目に、海外の大学に短期留学するのですが、私も三年時の一年間、イギリスのオクスフォード大学に留学できました。そのとき初めて、念願のヨーロッパに行くことができたのです。

オクスフォード大学はヨーロッパでも最古の大学で、街全体の雰囲気が「ハリーポッター的」です。実際に、オクスフォード大学のあるカレッジの食堂が映画『ハリーポッター』に出てくる大食堂のモデルになって、その一部が撮影に使われたそうですね。そんな場所なので、中世ヨーロッパ史などを研究するにはうってつけでした。ただ皮肉なことに、そのオクスフォードに留学中に、本当に偶然ですが、明治維新を扱うクラスを受講することになり、そこで初めて日本史、近代史、現代史の面白さを知りました。おそらくそのクラスで初めて、たとえば夏目漱石の『こころ』を読んだはずです。

オクスフォードでは、日本史だけでなく、他にも社会科学的なアプローチを学びました。とくに人類学では、レヴィ＝ストロースやベネディクト・アンダーソンを読みながら政治や社会全般を見ていくために、いかに文化というものがユニークな切り口なのかを感じ取ることができました。こうして、主にアカデミックな出会いから、オクスフォードを離れるころには、日本史、とりわけ近現代史を専攻しようと決めていました。

また、オクスフォード在学中、つまり日本を離れて三年目に、初めて私なりに「日本」、あるいは「日本で生まれ育った自分」を意識し始めました。一つには、これはちょっとネガティヴな話になってしまうのですが、その前にアメリカにいた時よりも、このイギリス滞在中に、ヨーロッパ社会での自分が、白人ではない、アウトサイダーであることを強く意識したんですね。たとえば、自分の中では笑い話のたぐいになりましたが、ある夜更け、オクスフォードから帰宅するときにバス停でバスを待っていたんです。そうしたら急に、地元の酔っぱらいのイギリス人がからんできたんです。同じく酔っぱらいの連れのイギリス人がみんな私の周りに来て、人生で初めて、口汚く「ジャップ」呼ばわりされたんです。それまでこの「ジャップ」という言葉は、第二次大戦中のアメリカで日本人に対して使われた蔑称、くらいの感覚しかなくて、「へえ、そういうことを言う人がいるんだね」と思った反面、「ああ、自分はヨーロピアンにはなれないのか」という実感がありました。

と同時に、私に日本を意識させたよりポジティヴなものの一つに、オクスフォード大学で初めて「ジャパン・スタディーズ」、日本研究なるものが学問のフィールドとして成立しているということを知ったのです。オクスフォード大学には、「Nissan Institute」という素晴らしい研究所があるのですが、そこで日本研究に関するセミナーなどに参加するなかで、「外から日本を見るのは面白いな」という興味を持ったのです。

こうした経緯から、最終的には、学部の卒業論文を「明治期の音楽教育とナショナリズム」というテーマで書いて、その後、ハーバード大のアンドルー・ゴードンの下で、近現代の日本におけるメディアとポピュラー・カルチャーの歴史について、研究することになります。

＊

そこで「家（ウチ）なるアメリカ」についてですが、私が日本史に興味を持ち、次第にその興味が増していくのと同時に、近現代の日本とアメリカとの歴史が極めて重層的に絡み合っているという発見があり、その絡み合った歴史の中に、自分の家族の歴史が絡み取られているんだ、ということを実感したのです。

私の家族史をひもとくと、日本とアメリカの近現代史の交錯点に初めてあらわれるのは、おそらく私の母方の曾祖父である大堀篤という人です。彼は一八八〇年代初頭に、現在の東京都渋谷区あたりで生まれたそうです。一八九五年に横浜からサンフランシスコ行きの蒸気船にもぐりこみ、密航を企てます。途中で船員さんに見つかったそうですが、どういうわけか、無事にサンフランシスコで下船できました。彼はサンフランシスコから鉄道の無賃乗車をして、最終的にはニューヨークにたどり着いたのです。のちにその大堀篤が著した回顧録によると、なぜ自分がアメリカに行きたかったかというと、当時、近代化過程にあったお国のために「ビジネスマン」になりたかったからだそうです。ビジネスマンになるために、世界で最も商業が盛んな国はどこかといえばアメリカではないか、というわけです。

そこまでは明治期の立身出世話に聞こえるわけですが、彼はどうしたことか途中で道を間違えて、一九一〇年代には、ニューヨークのマンハッタン、ハーレム地区にあるキリスト教の日本人教会で牧師になってしまいます。そのままニューヨークで一九三〇年代初頭に亡くなって、現在もニューヨークのブルックリンにある墓地に眠っています。

いずれにせよ、大堀篤が渡米した結果として、私の親戚には何人かの日系アメリカ人がいるのですが、大堀の子供たち——つまり私の祖母やその兄は、父親の死後、一九三〇年代に母親に連れられて日本に戻ってしまいます。三人は国立に居を定め、私の曾祖母は一橋大学の学生を相手に、寮母として戦時中を過ごしたらしいです。祖母によると、終戦間際には学校からの帰途に、米軍の艦載機の機銃掃射から逃げたこともあったそうですが、とにかく三人とも無事に終戦を迎えることができました。

祖母自身はアメリカ国籍を失ってしまうのですが、彼女の兄——私の大叔父は、太平洋戦争が終わった後に早稲田大学を卒業すると、アメリカに戻っただけではなく、その後に勃発した朝鮮戦争に徴兵されて、今度はアメリカの軍人としてアジアに戻って来ることになります。そして朝鮮戦争を生き残る。朝鮮戦争の休戦後は、神奈川にある在日米軍基地でシビリアン、すなわち軍属として働き通して、現在ではリタイアしています。今はカリフォルニアで幸せな余生を送っているのですが、そういう数奇な経歴の持ち主です。かつては伊勢原の方に住んでいて、私の母親は幼い頃から私の大叔父――彼女の叔父の家に、よく遊びに行っていたらしいのですが、母いわく、居宅の中はアメリカ製の商品で溢れていて、まさしくアメリカで生活しているような、不思議な住まいだったそうです。

少し時期はさかのぼりますが、私のもう一人の曾祖父――父方の曾祖父、永原敏夫も、実はアメリカと日本の、近代史の交差点にあらわれる人物です。しかし彼はもう少し悲劇的な様相であらわれたといえるかもしれません。彼は広島に生まれ育ち、母校の広島高等師範学校付属中学校で教師になって、戦争中は高等師範の教授になります。専門分野は英語教育で、英語を教えるかたわら専門書も書いたようですが、その語学力を買われたのか、戦時下には師範で教えるだけではなく、興南寮という東南アジアの留学生向けの寮の舎監を勤めていました。これはお察しの通り、戦時下日本の大東亜共栄圏構想の一部として、東南アジアから主にエリート層の学生を来日させてここに住まわせて勉強させる、というプログラムなんですが、その中には、戦後、ブルネイの首相になったペンギラン・ユスフもいます。永原敏夫は一九四五年八月六日に被爆して、彼自身はその日のうちに亡くなり、妻と娘のひとりも数カ月後に亡くなります。ただ、私の祖父とその兄、そして末の妹は、幸いにも生き残ることができました。また、祖父の兄にあたる永原誠は、戦後に父の跡を継ぐように英語を教えてきました。高校で英語の教師をしながら、ニュー・イングランドにあるボーディン・カレッジというリベラル・アーツ・カレッジに留学するなどを経て、立命館大学で長い間アメリカ文学を講じていました。専攻はマーク・トウェイン研究で、いくつかの業績を残しています。

＊

長々と私の家族の歴史を語りましたが、ここにも日本とアメリカの近現代史が重層的に交錯しています。もちろん日本の近現代史は、アメリカだけでなく他の国や地域、とりわけ東北アジア諸国との深いつながりを持っているわけですが、私が日本の近現代史の一部として自分の家族の歴史を再発見していくなかで、やはりアメリカとのつながりを一番強く感じました。ここから世界史的な潮流が見えてくるわけです。たとえば、世界的な移民の流れ――つまり今では忘れられがちな、日本が長きにわたって多数の移民を世界に送り出した移民国であったという歴史、あるいは資本主義のシンボルとしてのアメリカの歴史があります。また、直接的間接的な暴力としてみえる日本におけるアメリカの歴史。さらに二十世紀を通して、日本人の生活や知的営みのなかに介在し続けているわけですが、アメリカを魅力として感じる感覚の歴史も、そこには見いだせると思います。

いっぽう、そうしたことが私の家族史に集中的に現れているという点では特異なのかもしれませんが、もちろんこれは、特に戦後においては多くの日本人が体験し、共有したことでもあります。いずれにせよ、こうした歴史的な潮流に対する意識は、大学院に入ってから、私自身の研究テーマを形づくっていきました。

ハーバードの大学院に受かったとき、正直なところ、「ポピュラー・カルチャーの歴史」というテーマでも受け入れてくれる場所なのか、と思いました。というのも、英語でいうカルチャー・ヒストリー、文化史は、アメリカにおける歴史学という分野のなかでは、ごちらかというと、不真面目にみられがちなところがあります。私の場合に幸いだったのは、指導教官として受け入れてくれたアンドルー・ゴードンのおかげでしょう。彼は長い間、労働史を研究していた人ですが、私が受験したころには消費の歴史にも興味を持ち始めていたようで、ちょうごタイミングが合ったようです。

大学院に進学してからも、もう少し真面目なテーマに取り組もうかと何度か揺れていたんです。するとそのたびにゴードンが、「君は日本の音楽の歴史を書くためにここへ来たんだよね」と問い正してくれました。これには非常に感謝しています。またゴードンは、アメリカの日本史研究の文脈の中で、一九四五年を日本史の分岐点として自明なものとしてみるのではなく、むしろその前後の、戦前から戦後にかけての政治、経済、文化などの連続性に注目していました。そのとき話してくれたことの一つに、非常に戦時色が濃くなる日本でさえ、多くの日本人にとって消費文化としてのアメリカに対する憧れがいかに断ち切りがたかったか、という話をしてくれました。このことは私の家族の歴史や私自身の研究にも見いだせます。

＊

このような視点は、現在の私の研究にも少なからず影響を与えています。*Japan's Pop Era*、日本語に意訳すると『流行歌時代』という本を考えているのですが、これは昭和初期から戦後にかけて、ビクターやコロンビアなごの米国系レコード会社によって売り出された「流行歌」というポピュラー音楽のジャンルが、当時の日本の知的文化的エリートを自認していた人々にごのように受け入れられ、批判されたかという話です。日本の大衆文化の一面を「思想史」として描きたい、というプロジェクトです。

そこでは、一九二〇年代から六〇年代まで、つまり二十世紀の中心となる時期に、「歌は世に連れ、世は歌に連れ」という言葉に言い表されているような「流行歌」が世相を反映して認識されていたということと同時に、常に多様な論客から極めて厳しい批判にさらされ続けていた、という歴史を描きたいと思っています。流行歌にかぎらず、そうしたポピュラー文化への反応の背景として重要なものの一つに、日本とアメリカ、あるいは日本と西洋というものの間に存在する、複雑かつ重層的な歴史があるはずです。それはたとえば、流行歌なるものに対する批判として最初に出てきたものの多くがその当時の日本のいわゆる「楽壇」のメンバー、すなわち日本で西洋の芸術音楽（クラシック音楽）の担い手だった人びとからのものだったということにもあらわれていると思います。

彼ら楽団員の多くは、レコード会社によって大量生産されている流行歌が、彼ら自身が明治以来取り組んできた、彼らにとっての「本当の音楽」、つまり西洋音楽、あるいはそれに準じた、模範とするような音楽に対する根本的な脅威だと捉えていたようです。これは、レコード会社に対する商業主義批判だけではなくて、たとえば作曲家の中山晋平による晋平節、古賀政男による古賀メロディのような和洋折衷的な音楽、もしくはこの当時に日本調といわれていた音楽的傾向をも批判するものでした。

大阪大学の輪島裕介さんは、一九二〇年代から三〇年代にかけて流行歌と呼ばれていたものの中には、むしろジャズ的な要素を入れることによって「舶来品」としてのアイデンティティを確立したものもあったんだと指摘していますが、これは当然のことだと思います。つまり日本とアメリカ、あるいは日本と西洋との交差点にあらわれるものとして昭和初期の流行歌を見たときに、それが一番よく表しているものは何かというと、単なる世相の反映ではなくて、むしろ当時のエリート層たちが抱えていた西洋や日本というカテゴリーに対するアンビバレントな意識ではなかったでしょうか。

こうした流行歌をめぐる批判的な文脈は、戦後にも浮上してきます。そのときの大衆文化には、戦後社会の物質的な荒廃、とりわけ進駐軍の存在によって喚起された政治的文化的、あるいは性的な暴力としてのアメリカへの恐れが伴われます。しかし、一九六〇年代あたりを境にして――それ以前から存在していた流行歌だけにとどまらず――ポピュラー・カルチャー全体に対して投げかけられた批判は、次第に終息していきます。それにはおそらく、日本が六〇年代後半から七〇年代にかけて「一億総中流社会」として自他共に認められていくなかで、大衆文化に対するあからさまな批判を「エリート主義」だとして忌避していったことと関連があるのではないでしょうか。そして同時に、まさに吉見俊哉が指摘したように、占領期には暴力的な他者であったアメリカが、六〇年代以降は急激に内なる存在に変わっていったということにも関わっているはずです。

＊

私はいまMITで日本史を教えているのですが、学期の始まりのさいにはいつも学生に、このクラスで学ぶこと、勉強することを、けっしてたんなる外国の歴史、他者の歴史としてみてほしくない、と話しています。むしろ自分の育ってきた国家や社会、あるいは自分自身と切っても切れない歴史を学んでいるんだということを理解してほしいのです。日本の近現代史をアメリカの近現代史を通してみてほしい、あるいはアメリカの近現代史を日本の近現代史を通してみてほしい、というようなアプローチですね。こうした歴史がいかに複雑に組み合わさっているかというのは私自身の実感に基づいているのですが、おそらくこのようなアプローチは、現在のポピュラー・カルチャー研究にも、当てはめられると思います。つまり、日本の文化、日本のポップ・カルチャーというカテゴリー自体がじつは限界のあるもので、実際にその文化が作り上げられ、消費されてゆく現場を見ると、おのずとそういったカテゴリーの境界線が曖昧なものだということがわかります。

では、なぜそれでも日本の歴史、日本の文化に興味があるかというと、それはこれらのものが「日本的」だからではないんですね。そうではなく、むしろこの日本という場でこそ、グローバルかつ文化的な潮流が極めて多面的な形をとってあらわれている。そういう場としてあるからこそ、私にとってはこれからも魅力的であり続けるのです。

第六章

文学研究からポップ・カルチャー研究への転向

――戦時下の文学から六〇年代政治的フォークへ

ジェームス・ドーシー

これまで私が取り組んできた研究には、基本的に二つのアプローチがあります。はじめに簡単に述べておくと、一つは「文学主義」と名付けているもので、あとでふれる批評家の小林秀雄から取った言い方です。いわば芸術作品としての文学作品を丁寧に読み解いて、神秘的な体験をする、というような文学との関わり方になります。もっともそれが方法といえるかどうかは別としてですが。そこから出発した私がたどり着いたのが、全く違うアプローチになりますが、「カルチュラル・スタディーズ」です。この二つがキーワードになりますね。

＊

ところで本題に入る前に、まずこたえておかなければならない問いがあります。つまり、なぜ日本なのか。なぜ私がここに立って日本語で話しているのか、あるいは日本語で話そうとしているのか。見た目は典型的な、絵に描いたようなアメリカ人ですが、バックグラウンドは少し異なっているので、そこからお話しさせてください。というのも、子供のころ、家族と一緒ではありましたが、五年間、アメリカから離れて、東アフリカ、タンザニアで生活していたのです。

アフリカ大陸には合計二回にわたって訪れ、アメリカに戻ってきたのが十三、四歳ごろです。まわりの男の子たちが熱心だった、バスケットボールやアメリカン・フットボールのようなスポーツは、まったくできませんでした。そうした球技はアフリカでは盛んではなかったのです。とはいえ体を動かすのは好きだし、何かしたかったのですが、ある日、新聞を見ていたら、町に空手教室がオープン、と書いてあるではないですか。これだったらなんとかなると思いました。図書館で知的探求にいそしむかわりに肉体的探求を実践することになりました。そして空手を通してはじめてアジアに興味を持ち、それがやがて日本に絞られてゆくことになります。

大学に入ると外国語が必修で、そのときに日本語を選択しました。専攻は哲学だったのですが、副専攻では日本語も含めたジャパン・スタディーズを選びました。卒業証書を見ると、確かに「専攻哲学」「副専攻ジャパン・スタディーズ」と書いてありますが、本当の専攻は空手でした。もう「空手バカ」で、ひたすら空手に打ち込んでいましたね。

大学を卒業した時点で、銀行に就職する話もあったのですが、なんとなく自分に合わない気がして、日本に流れてきました。そして岐阜県岐阜市で三年間、暮らしながら、英語を教えつつ、日本空手協会岐阜県本部道場に通っていました。

そのとき初めて文学的な体験をしたのです。空手もやりながら日本語に磨きをかけようと、自分で勉強していたのですが、当時は今とは違って上級の教科書がなく、仕方なく小説を読むことにしました。友達に勧められて初めて日本語で読んだ小説が、川端康成の『眠れる美女』でした。これといった大事件が起こるわけではない、何が起こったかといえば何も起こっていないような、不思議な、川端らしい小説です。そのとき二十四歳でこの小説を読んで、非常に感動しました。小説は以前から好きで、それなりに読んだりしていましたが、初めて日本語で読んだ小説、この『眠れる美女』ほど感動した小説はありませんでした。神秘的体験とでもいえるような読書体験でした。この体験が、私の最初の文学的アプローチにつながります。

そのときに何が起こったか。さきほどもお話ししたように、大学時代はけっして真面目な学生ではなかったし、日本語力もなかったので、この小説を読むのに二カ月はかかりました。知らない漢字ばかりで、一つひとつ単語を辞書で調べたり、その意味を英語でメモしたりしながら読んだわけです。文法もあやふやだし、読解力は頼りになるものではありません。文章を読んでいても、文法がよくわからず、とにかく誰が誰に何をどうしたか、それだけを一生懸命考えないと追いつけない。とにかくあんなに丁寧に読んだ小説はそのときまでなかった。丁寧に読まざるを得なかったからこそ、感動も大きかった。これが昔ながらの典型的な文学的アプローチで、精読（close reading）です。小説家が優れた才能の持ち主で、その世界観を考えることに価値がある、というようなロマン主義的志向に基づいた小説の読み方です。

それがあまりにも不思議な体験、あまりの感動で、やっぱり空手道場で蹴っ飛ばされたり殴られたりするよりも、アメリカに戻って勉強した方がいいのでは、と思って、大学院に進学することにしました。一九八〇年代後半のことですが、時代も時代で文学理論でした。それもそれなりに勉強して、デリダの脱構築理論やミハイル・バフチンの対話主義、あるいはジュディス・バトラーのジェンダー理論なども一通り読みました。しかし、自分の原点となった「精読」は、心のどこかに残り続けていたんですね。小説の美しさに酔う、というか、その美がどうやって構築されているかを考えるような研究をどうしても続けたかった。それで、博士論文のテーマを決める段階で、自分が体験してきた精読による神秘的な文学的体験をなんとか正当化したい、それが文学へのアプローチの一つとして通用することを証明してみたくて、小林秀雄をトピックに選びました。

＊

今回のキーワードの一つ「文学主義」は、この小林秀雄が思想家の戸坂潤との論争の中で使い始めた言葉です。小林秀雄は、一九二〇年代後半に流行していたマルクス主義批評に反発し、神秘的な文学体験を蘇らせようと批評家としてデビューします。マルクス主義の批評家は——簡単にいえば——小説家の階級的意識を探ったり、資本主義が作品にどのような影響を与えたりするかを、悪くいえば、くどい読み方で実践するわけです。しかし小林はそれに反発して、素直に読んで素直に感動する、そういう文学への関わり方のほうがより人間的ではないかと考えます。そうした感動の仕方を蘇らせようとするのも、小林秀雄の批評の目的の一つです。そういう意味では、私が経験した文学主義と重なるところが多くて、博士論文にぴったりと合うようなトピックだなと思いながら、研究を進めました。

しかし、戦時中の小林秀雄の論文を読んでいると、恐ろしい発言もしていることに気がつきました。大正デモクラシーの中で育ち、フランス文学に造詣の深い国際的な知識人でもあるはずの小林秀雄が、「文学主義」の名のもと、日本の帝国主義、侵略戦争を支持して、右翼的国粋主義的な発言をいくつか残しています。くわしく調べていくと、その国粋主義的な部分もまた、小林秀雄の文学観、彼の「文学主義」と深い関係があるということに気がつきました。そのことが博士論文のテーマになり、また初めて出した研究書のテーマにもなっています。

しかしこのときはすごくショックでしたね。鎌倉の方まで小林秀雄のお墓参りに行くほど、崇拝していたのです。その彼が右翼的な発言をしているのを知って、したたかショックでした。もしかすると、自分の心の中にも同じようなファシスト的な心性があるかもしれないと心配になって、文学に対するアプローチ、研究の方法をもう一度考え直したくなったのです。それで坂口安吾研究に行き着くのですが、とくに戦時中の安吾の作品を読むと、文学主義、あるいは精読による神秘的な文学体験だけでは、文学は理解できないということが、よくわかりました。そこから少しずつ、カルチュラル・スタディーズ的な方法に変わっていったのです。

文学主義というものについて考え直していると、結局それがさまざまな神話で成り立つアプローチであることに気がつきました。文学理論に関する本を読めば、しばしばそういう指摘もされています。こうしたアプローチがあまりにも単純な文学観だとは頭の中でわかっていても、文学好きな読者であれば、心のどこかにこの文学主義の基礎となる神話的な傾向が残っていることがあります。そこでこの問題をもう少しだけ考えてみたい。

まずその神話の前提になるのは、文学作品が、それを書いた人の独自な感性、独特な世界観に基づいているという点です。ひとりの人間が本当の意味で何かを創造するということはあり得ませんよね。小説家は自分がそれまで読んできた作品はもちろん、伝聞や体験を踏まえて小説世界を構築してゆくわけです。よく言えば自由自在ですが、悪く言えば二番煎じ。そうやってできた作品をひとりの優れた才能の持ち主が創り出したものと捉えてそこに読者の側が自分の感性を託し、精読して感動するというのは、ある意味では、馬鹿げた作業なのかもしれません。多くの問題を抱えていると言わざるを得ない。

文学主義の基礎になっている神話、その二。文学作品や小説にはなんらかの意味が含まれている、ということ。これも怪しい考え方です。精読によって見えてくるその作品の意味が、実際は読む人や読む環境によって、ずいぶん異なります。これは戦時中の文学、とくに坂口安吾を研究していてよくわかりました。坂口安吾が一九四二年に書いた、真珠湾攻撃を扱った風変わりな短篇小説「真珠」がありますが、その作品を通して見えてきたことがあります。つまり、単数形の「意味」、「one meaning」などなくて、戦時中にその短篇小説を読んだ評論家たちが、もう本当にさまざまな読み方をしているわけです。さまざまな解釈が出てくると、逆にみんな本当に同じ小説を読んでいるのか、と思わされます。そういう疑問を無視して作品に存在する（はずの）「本当の意味」を探るという作業が、結局のところ意味をなしません。

第三は、文学作品が世俗的なもの、とくに資本主義の仕組みを乗り越えたところに存在する、という神話です。理想主義者というか、ある意味ではピュアな私のような人間にすれば、資本主義に左右されないものがどこかにあってほしいと願うわけですが、もちろんそんなものはなくて、小説家、出版社などが利益を上げるための仕組みがあって、お金をねらって、やっているわけです。それは――残念ながら――認めなければならない事実ですね。

＊

さて、これらの神話、およびその上に成り立っている文学研究そのものを疑うようになっても、簡単にその感覚から抜けられません。優れた小説を読んで、その世界に没頭して、その世界を経験する。それらはある意味では酒に酔うのと同じことで、一度味わってしまうと、なかなか止められません。文学主義は、依然として文学への魅力的な接し方の一つなのです。

しかし、そういう神話をぶっ壊す研究対象が、世の中にはありました。フォークソングとそれに関わる運動です。今はフォークソングを通して、私の心のどこかに残っている文学主義を、意識改革しようとしているところです。日本の六〇年代後半から七〇年代前半、つまり昭和四十年代に流行した政治性の強いフォークソングは、さきほど挙げたような神話の上に成り立っていません。成り立っていないだけではなく、実はそれをぶっ壊す仕組みではないかと思います。

日本のフォークといって、真っ先に思い浮かぶ歌手は誰でしょうか。吉田拓郎？一九七二年の《結婚しようよ》という曲で、非常に有名になった人です。私はこの人の研究はしていません。森山良子？　確かに歌声はきれいですが、私のいう政治性の強いフォークとは、ちょっと違ったスタンスですね。《バラが咲いた》は初めて日本語で書かれたフォークソングと言われていますが、私が研究しているのはもっと過激な、政治性の強いものです。そう、岡林信康。《友よ》という日本の《We Shall Overcome》のような役割を果たす曲を書き、歌う人です。あるいはあまり知られていないかもしれませんが、高田渡。今でも元気にライブを続けている方では、中川五郎。彼は非常に気さくで面白い人ですね。そして高石ともや。私が研究しているのは、こういったミュージシャンです。

さて、フォークソング運動といっても、実際のところどういう運動だったのでしょうか。アメリカのフォークシンガーとして伝説的な人物、ピート・シーガーはご存知でしょうか。彼は二〇一四年に九十四歳で亡くなりましたが、そのお父さんもピート・シーガーと同じく政治活動に携わりながら、音楽関係の仕事もしていました。確かアメリカ共産党にも属していたはずです。次の一節は、彼が残した言葉です。

The question to ask is not is the music good.
The question to ask is what is the music good for.

言葉遊びが含まれている表現なので、日本語に訳してしまうと面白味がなくなりますが、こういう意味です。「問うべきことは音楽の良さではなく、その音楽をどう使えるか」。

元の英語を読み解いてみると、「is the music good」という表現ですが、こういう観点は文学主義的な、ここでは音楽主義的アプローチだと言えます。作品を芸術として扱うことで、その構造やハーモニーなどがどれだけ優れているか、より音楽をエンジョイし、鑑賞するに足る主体性を音楽に求める接し方になるのです。しかし、そこはピート・シーガーのお父さんですから、むしろ後半部分が重要になります。つまり、「what is the music good for」を問う立場になると、すべてが変わりますよね。ここでは音楽を一種の道具としてみることになります。何に使えるか、どう役に立つか、というように見れば、必然的に音楽が社会の中でどう機能しているか、という問いにつながります。

*

この「what is the music good for」という考えを研究方法とするとき、すぐに次のような質問が生まれます。――ある歌が世の中に流れるとき、その歌は商品化されているのか、されていないのか。お金がどこから出てきて、どういう経緯で、誰の懐に入っていくのか。誰がその音楽をどこで流すのか、歌うのか。作曲家、作詞家は、どんな存在なのか。これらは文学主義ではしばしば無視される質問ですが、フォークソング運動を研究するのであれば、真っ先に考えるべき問いになります。そこで、文学主義の基礎となる神話の話題に戻ってしまいますが、フォークソング運動およびその研究との違いを紹介しながら、フォークの特徴を考えていきたいと思います。

さきほど挙げた「神話その一」、つまり作者の独特の感性、独特な世界観という神話については、これはフォークソング研究ではまったく通用しない概念になります。フォークソングはその言葉通り「民衆の歌」です。昔から伝わる歌をそのまま再現したり、違った形で生き返らせたり、という作業が多い音楽です。ひとりの優れた才能の持ち主が、素晴らしい創造力を生かして歌を作る、というような錯覚は、最初から起こりません。たとえば替え歌を思い浮かべてみるといいかもしれません。替え歌とは、古くからあるメロディに別の言葉や歌詞を乗せたものですが、こうして原曲を読みかえていく作業は、日本のフォークソング運動でも盛んでした。これは明らかに歌っている人の作品ではありません。まして原作は誰のものかという質問さえ、無意味になります。こういう音楽活動の場合、間違いなく「what is the music good for」が重要になってくるわけです。

例を挙げてみると、高田渡というフォークシンガーの「自衛隊に入ろう」という歌があります。淡々と歌っていますね。歌っているというよりもお経を唱えているような歌い方ですが、実はこれが替え歌なのです。さきほどふれたピート・シーガーの《アンドーラ》が元歌で、ピート・シーガー作曲、マルヴィナ・レイノルズ作詞です。この原曲のメロディを使いつつ、歌詞については和訳するのではなく、新たに似たような反戦歌を作ったのが高田渡でした。こうやって新しい歌を作っただけでも、そこに高田渡の才能が発揮されていると言えなくもありませんが、さらに言えば、高田渡の《自衛隊に入ろう》の歌詞のほとんどは、彼が書いたものではないのです。当時、実際に自衛隊が広告や募集に使っていたフレーズを、そのまま歌詞に取り込んだだけなのです。もしこの曲に、作家独自の感性や世界観が含まれているとすれば、それはいったい誰のものになるのか。ちなみに、この曲は二〇一一年の東北大震災の後に、また書き換えられることになります。動画検索サイトで見ることができますが、そこでは《東電に入ろう》という歌に変わっていきます。

この歌が一九六〇年代末に発表されたとき、関西フォークの間でも非常に人気が高く、あるテレビ番組に高田渡が出演して、この曲を歌いました。するとそれを聞いた自衛官が彼に手紙を寄こして、この歌を自衛隊の募集に使いたい、というわけです。あぜんとした高田は、もちろんそれを断りました。《自衛隊に入ろう》というこの呼びかけは、もちろんアイロニカルな表現です。真意は「絶対に自衛隊に入っちゃ駄目だよ」ということだったとはいえ、高田渡はそれを説明しようともしないわけです。このときフォークソング運動が、先の「神話その二」とどれほどご違うかがわかると思います。高田渡にとっては、作品には何か一つの意味がなければならない、などという神話は無縁です。彼にとって「意味」とは、その歌を聴く人が作っていくものであり、だから自分の意図を別にして、自由にみんなに作らせるわけです。

では、フォークソングと「神話その三」はどう関係しているのか。資本主義の仕組みを乗り越えた文化表現、という神話はありえるのか。アコースティックギター一本あれば、コードも三つか四つで歌えるフォークソングは、そういう意味でも、フォーク――民衆の歌です。聴くというより、自分で歌うものなのです。関西フォークのとりわけ初期の段階は、本当にそういうものでした。一九六〇年代の終盤に開催されたフォーク・キャンプの写真を見るとよくわかるのですが、客席に座って耳を傾けている人より、同じステージに立って一緒に歌っている人の方が多い。消費する文化ではなく、参加する文化なのです。そういう意味では、資本主義との関わりが薄い文化だと言えるかもしれません。面白いことにその要素は、半分はフォークソング運動そのものが志向したのですが、もう半分はその運動によって強いられたのです。歌詞があまりにもえげつない、過激すぎるものは、レコード業界の倫理委員会、通称「レコ倫」が発売禁止にしている曲も多いし、放送禁止歌も少なくありません。ですから、商品化してそれを売ろうと思っても売れないとなると、資本主義の仕組みから離れていってしまうわけです。

フォークソング運動の指導者である片桐ユズルが発行していた『かわら版』についても簡単に紹介しておきます。一九六七年から十年ぐらい続く小新聞なんですが、彼が勤め先の大学のコピー機を夜中にこっそり使って作ったもので、各地のフォーク関係のイベントで売り歩いていました。その創刊号には、当時新しく出回っていたテープ・レコーダーや電子コピー機の可能性を謳うような言葉が書かれていますが、まさにそれを実践したと言えるでしょう。テクノロジーを活用して企業が商品を売る、というようなシステムとは目的が反対です。なんらかの形でメッセージを発信できる媒体を自分の手で作ろうとしたのです。

そのことを示す例が、『かわら版』創刊号に掲載されたボブ・ディランの《ホレス・ブラウンのバラッド》です。この歌が掲載されたのは、読者にディランのレコードを買ってもらいたいからではなく、自分でその歌をうたってもらいたいからです。目的が消費する文化ではなく参加する文化ですから、人に歌いやすいように、日本語訳で『かわら版』に載せたのです。ギターを弾きながら歌いやすいように、そこにはコード進行も紹介されています。コード進行といっても、進行しません。コード一つで歌えるからです。これはEマイナーで、私でも弾けるコードです。この『かわら版』は参加する文化の実践として、こうして資本主義とかけ離れたところで継続してゆくのです。

＊

日本文学、あるいは日本の文化と私自身との関わりを紹介しながら、どういう理由で、「文学主義」的な文学研究からポピュラー・カルチャー研究へと転向したかをお話しました。ひとことでまとめると、ポピュラー・カルチャー研究の方が、より確実に文化の仕組みを取り入れることができるからだと思います。現在の私と同じ観点で文学作品を読み、研究に取り入れている人も多くなってきましたが、とはいえ、いまだに先述の「三つの神話」に取り憑かれている研究者が少なくありません。

いまは私もその神話を頭から消して日本のフォークソング運動の研究していますが、また文学研究に戻ることがあるかもしれません。しかし戻ったとしても、作品を読む目はまったく異なっていることでしょう。ともあれ、しばらくのあいだは、フォークソング、ポピュラー・カルチャー研究を続けていきたいですね。

第七章

〝もっと自由な〟文化研究は可能か

——ジャズの実践を手がかりとして

マイク・モラスキー

日本在住の日本文化研究者にとって、メディアからの取材および出演依頼が異常なほど多いと思います。研究者としての専門知識を拝借したいがために連絡してくれるならともかく、通常の場合、いわば「外からの視点」が求められます。これに対して、四十年間も日本文化研究に携わっている日本永住者として、そもそも私の見解がはたして「外から」に該当するかどうか、自分でさえも疑問になります。確かにアメリカで生まれ育ったのですが、成人してからは日本の方が長く住んでおり、終の住処に決めています。

ここで生じる問題は、「内」と「外」とはいったい何だろうか、という風に集約できるでしょう。言い換えれば、それぞれの基準はどこに見なすかということです。今回はそういった二項対立的な思考を相対化するという試みだと理解しています。

＊

どこの社会においても「内」と「外」という概念が存在するようなので、決して日本ばかりではありません。それでも、日本ではこの区別はかなり比重を占め、また日常的な表現においても鮮明に反映される場合がある。最もわかりやすい例は、政治家たちの大好きな「我が国」という表現でしょう。私もたまにふざけて日本をそのように呼びたくなるが、相手が混乱するばかりで、シャレにもなりません。あるいは、日本に在住する外国人が海外から成田空港などに到着したら、「帰ってきた」という言葉を使うのは間違いだと教えられたことがあります。「戻る」が正しくて、自分の国には「帰る」、「帰国する」、と。ただ、私自身の認識としては、アメリカにも「帰る」し日本にも「帰って来る」なんです。

では、そういう認識を持っている人間にとって、どのような立ち位置から日本を眺めるか、ということになるわけです。それで結論を先に申し上げますと、「内」「外」という二分法の発想は、はっきり言えば成り立たないと思っています。というのは、生まれ育った国の文化を対象にするときも、まともな文化研究を行なうには、その文化の内からと外からの視点を、同時に、両方を備えていないとまともな文化研究はできない、と思っているからです。

もちろん分野によって違いはありますが、たとえば一九八〇年代に人類学では一種の革命があって、人類学という伝統的な研究分野に対する、人類学者たち自身の疑問が、大きく浮かび上がることになりました。どういったものを研究対象にできるのか、なぜ自文化を研究してはいけないのか、なぜ日本の人類学者はどこかの辺鄙な島や村に行かなければ日本を研究できないのか、というように。あるいは、どうして都会やいわゆる近代以降の社会や文化を対象に研究できないのか、というような疑問が次つぎにあらわれてきて、それがこの研究分野にとって一種の危機として認識されていたかと思います。これは非常に歓迎すべきことです。そこで今日は、われわれの周囲にあるさまざまな目に見えない境界線、あるいは壁、仕切りといったものについて、考えてみたいです。

＊

まず、「日本文化」と私との関わりなのですが、ほとんどドーシーさんと変わらなくて、私も十代なかば、十三、十四歳頃に空手に凝りました――アフリカには行ったことがないのですが（笑）。たしか一九七一年に遡れると思うのですが、なぜこの年が重要なのかというと、ブルース・リーの映画が、じつは日本よりアメリカの方が先に上映され始めたのですが、それが翌七二年ですね。そこからもう爆発的に武術に対する認識と人気が広まったのです。

私はアメリカの中西部、セントルイスで生まれ育ちましたが、当時この街には、日系人や中国系の人はほとんどいませんでした。現在ではまったく違いますが、当時は白人と黒人しかいない世界だったという印象があります。したがって、お恥ずかしいことに、日本と中国の違いはもちろんわかるけれども、一緒くたにしてしまうオリエンタリズムが伝統的にありました。あるいは十代の少年らしい純粋なエキゾチズムへの憧れです。それで最初は、中国語をやりたいと思ったんです。空手よりカンフーの方がカッコイイと思っていたから、というだけの理由で。しかし、当時の多くの大学は日本語も中国語も教えておらず、もちろん私が通っていたような中西部の高校などでは学ぶチャンスは皆無でした。それから、空手の稽古は三年ぐらい続いて、いきなり私のアマル情熱が音楽に向けるようになりました……。幸か不幸か、私は極端な凝り性で、たとえばブルース・リーの『燃えよドラゴン』という映画が公開されたとき、――もちろんビデオやＤＶＤがあらわれる以前の、映画館でしか見ることができない時代に――この作品を十七回観ました。他のブルース・リー映画もあわせて三十二回観ましたが、そのくらい凝り性なんです。

ピアノは七歳から弾いていたのですが、高校生の頃にはジャズピアノ、それと同時にしばらくフラメンコギターを習っていたのです。「セントルイスとジャズ、ああ納得がいく」と思われる日本人は多いはずです。ある世代以上の方にとって、セントルイスといえば「セントルイス・ブルース」ですから。とはいっても、そもそもセントルイスはブルースのイメージではないし、私が育った六〇年代、七〇年代は、ジャズを聴いている、ブルースを聴いている、なんて人はほとんどいなかった。ジャズを聴きに行きたくても店にピアノすら置いていないので、オルガンや電子ピアノを運んだものです。

十九歳のときに日本に留学できることになりました。十週間だけ日本語を勉強して、無謀にも日本に乱入しました。そしてひとりであちらこちら歩き回って発見したのが、「ジャズ喫茶」でした。これは驚きでした。

日本のジャズ喫茶の歴史を資料でたどってみると、一九七六年は、店数で言えばジャズ喫茶が最も多い年でした。全盛期は五〇年代末期から六〇年代までと位置づけるのが妥当だろうと思いますが、店舗数は流行してからも増え続けていたので、時差があるんですね。京都だけで五十軒あります。私は東京にいましたが、新宿だけでも二十軒あったと思います。なにせ全国で六百軒以上ものジャズ喫茶があったのです。

＊

ご存じの方も多いと思いますが、「ジャズ喫茶」なるものは、アメリカにもヨーロッパにも存在しません。日本に独特な、再生音源の音楽聴取空間として成り立っているわけです。日本文化を語るときに、いわゆる純粋なものとしての日本文化がそもそも成立するのか、ということとも関わってきます。漢字自体が中国のものなので本来あり得ないわけですが、純粋なものがあった、と考えたくなる気持ちもわかります。時間が経てば、やがて本当に文化そのものになってしまうのだ、という考え方もあります。

しかし、こうした文化が活性化するためには、各国間でのさまざまな交流であったり、植民地のような支配的な関係であったり、あるいはオリエンタリズムや憧れも含めた多様な状況が混合して、その内部から新たな文化が複雑な過程を経て形成され、定着するはずです。この「ジャズ喫茶」も、まさにその過程の一つで、本来は文化としてだけではなく、科学技術の発展、もしくは近代化という大きな過程の中に位置づける必要があると思っています。なぜなら、ミュージシャンが音楽を奏でる場所をジャズ喫茶とは言いませんよね。あくまでレコードを掛ける、レコードを聴く場所がジャズ喫茶なのです。つまり、再生音源の音楽聴取空間です。そこが非常に個性的なんです。

では、その背景に何があったかというと、昭和初期のジャズ喫茶の場合、もともと音楽聴取のサロン的な存在でありながら、ダンスホールが併設されていたわけです。そのダンスホールでは、日本人のバンドが踊る人用に音楽を演奏していました。ところが後年のジャズ喫茶の場合は、主にアメリカからの舶来品としてのレコードが掛けられ、音楽が流されていました。ですから矛盾含みの話題になりますね。アメリカのミュージシャンたちの演奏を「本物」の、本場のジャズだと思って耳を傾けるわけですが、とはいえそこにあるのは単なる円盤でしかない。その複製芸術としての円盤が再生されることで、レコードがミュージシャンの代替物として位置づけられることになる。こうして一種のフェティシズム的な関係に行き着いてしまう。それについては、『ジャズ喫茶論』（筑摩書房、二〇一〇年）に詳述しているので、くわしくはぜひ読んでみてください。

ともあれ、近年の日本では、どの店に行ってもジャズを掛けているではないか。ところが、そのほとんどは有線放送によるBGMでしょう。当然ながら一九七〇年代半ばには、そのような有線放送もCDもまだ普及しておらず、輸入盤のレコードも値段が高かったので、とりわけ貧乏学生などがジャズのレコードをまともな音響で聴きたかったらジャズ喫茶に足を運ぶほかなかったでしょう。仮にちょっとしたコレクションと安物のオーディオシステムを持っていたとしても、普通の学生が借りていたような壁の薄っぺらの四畳半の部屋では、大した音量で聴けなかったわけです。しかし、当時の（少なくとも硬派の）ジャズ喫茶に行ったら、アメリカ本国でもとうてい聴けないような珍盤が、ロック・コンサートでしかありえない爆音で掛けられているのです。耳栓が欲しくなるぐらい凄い音でした。そういう店内なのに、周りの客たちが、まるでカント全集やドストエフスキーでも読んでいるような大まじめな表情で、一生懸命、眉間にしわ寄せながら聴いていて、本当に驚きでした。私なんかは指を鳴らしてリズムをとりながら聴いていたら、すぐに「うるさい」みたいな（笑）。

当時、私はピアノも演奏したかったのですが、まだ人前で弾くにはいたらず、家で練習する程度でした。ジャズ喫茶にさえ入れば、その音楽の世界にどっぷり浸かることができ、一日に二、三軒をハシゴする日もありました。現在では、蕎麦屋でもラーメン屋でも、どこの飲食店でもBGMとしてジャズが流れていますね。「インスタント雰囲気」と私は呼んでいますが、有線放送やインターネットさえあれば、レコードを持つ必要もなく、ジャズ音楽に対する知識が皆無でも、渋いセレクションが次々と流れていき、一瞬にしていわば「大人の雰囲気」にすることができるわけです。かつてはどのレコードを集めて、どのレコードを掛けるかは、自分にも相応の知識が要求されたものですが、現在では単なる消費選択の一つにしか過ぎません。「じゃあ七時になったんで、ちょっとロマンティックな雰囲気にしようか。まずはボサノバから……」と非常に便利ではありますが。

もう一つ、ジャズ喫茶のすばらしい側面がありました。すなわち、主にかかっているのはアメリカ製のレコードでありながら、アメリカではとても入手できない、あるいは聴いたことがない音源が無数にあったということです。私はジャズ好きとして来日し、ジャズ喫茶に通いましたが、アメリカで録音されたにもかかわらずそれまで知らなかったミュージシャンや名演奏を、この日本でたくさん教えてもらうことになりました。これも妙な文化交流といえばいえますよね。後にはアメリカのマニアやコレクターたちが、日本に買い付けにくるようになるのです。

まず理論的な問題として、文化を所有することについての議論があります。そもそも誰の文化なのか。誰かがこの文化を独占する権利、権限があるのか。とりわけポピュラー音楽の場合、白人は、日本人は、ヒップホップを自分たちのものにしていいのか、という問題とも重なります。昔のジャズやブルース、あるいは初期のロックは、本来は黒人の音楽です――黒人の音楽という表現自体にも、文化に対する所有の概念が入っていると思いますが。これは非常に難しい問題で、「文化は誰にでも持てる。平等だ」というと、今度は逆に多くの黒人ミュージシャンと同じように搾取され、利用される人が出てきてしまう。自分の作り上げたものが、白人ミュージシャンやビジネスマンだけの利益になり、結局自分たちが不利益を被ることになります。こうして格差、不平等、不公平な状況があらわれるわけですから、文化の所有という問題は、完全に棚上げするわけにもいきませんよね。

こういった問題に直面したのは、私にとっては初めてジャズ喫茶を訪れたときのことなのです。ジャズの歴史のなかで一役かったアメリカの街で生まれ育ち、それこそジャズの生演奏を聴きまくったものですが、それでも日本やヨーロッパのほうが、ジャズ音楽を大切にしていることを知りました。そのおかげで、自分が生まれ育った環境から出てきた音楽を、はるばる日本に来て経験し直すことができたのです。この一事をとってみても、文化の交流というのはけっして一方通行ではないことが明らかでしょう。

さきほどのブルース・リーの場合だと、彼は香港とアメリカを行ったり来たりしながら何をやろうとしていたのか、という問題と関係してきます。中国武術界は非常に排他的な組織で、カンフーの道場は本当に身内にしか教えません。あまり知られていませんが、ブルース・リーは四分の一はドイツ系なので、彼が習っていた「詠春拳」のカンフー――近年『イップマン』という映画で有名になりました――の、最も核心的なところは教えてもらえなかったともいわれています。そうした壁や仕切り、境界線にとらわれずに、より自由なものを作り上げていきたい、と彼は考えていたのです。

＊

さて、私はもうすぐ還暦で、大学で教えるのもあと何年あるかといったことを考えるようになりました。もっとも根本的な問題として自問し続けているのは、自分には何ができるか、ということです。大学で研究したことを発信するというと立派に聞こえますが、たとえばアメリカの大学で、真面目に日本文学の研究を続けて、一冊の本を書き上げるのに五年ないし七年間かけたのに、やっと本になったと思ったら、読者が五十人ぐらいしかいない（笑）。そういう世界ですね。プロフェッショナライズされすぎてしまって。専門家しか読まないのです。これはアメリカの大学の問題だと思っています。

私自身は、日本語で書いた本のうち大学出版局から刊行したものは一冊もありませんが、だからといって「あいつはもう駄目だ」などと反応する人もあまりいません。専門家だけでなく一般にも読まれるような本が日本には多くあって、むしろそれが珍しくない。良い仕事だと評価されさえすれば、けっして軽視されるようなことはありませんが、アメリカではそういうことは不可能に近いのです。理系ならともかく、どちらかといえば取っつきやすいはずの人文、あるいはポピュラー・カルチャーでさえも、専門家向けの――専門家にしか読めないようなものを書かなければ、アカデミズムからは「お前は、真面目な本を書いてない」と見下されてしまい、そのために首が吹っ飛んだ若い学者も少なくありません。矛盾していますよね。「ポピュラー・カルチャー」じゃないですよ。「ポピュラーはどうしたんだよ」って（笑）。専門家も読むけれども、一般読者も読む。少なくとも戦後から現在にいたる文化史について日本語で書くと、「それこそ私たちの生活だったんだ」云々とすぐに反応があります。もちろん、「いや、お前はぜんぜんわかっていない」という場合もありますが、それも含めて「生きた歴史」なのです。歴史的な条件の中で何かを発信するということは、なんともいきいきした行為ですよね。

ただ、私の悪いところは、非常に飽きっぽい（笑）。一つの課題について二冊ほご本にすると、次のテーマに移りたくなってしまう。最初はアメリカ占領や沖縄研究をテーマにしていたのですが、「ん？　あいつはいつの間にかジャズについて書いているぞ」となる。また二冊ぐらい書いて、次は居酒屋研究です。「おまえ、何者なんだよ」と聞かれたこともあるのですが、それはどういうカテゴリーや先入観に応えてくれるのか、という押しつけですよね。そんなときに救いになるのは、デューク・エリントンのいう、「beyond category」です。私はこの表現がとても好きなのです。つまり、彼が書いているのはジャンルではないんですよね。エリントンだけでなく、偉大なジャズ・ミュージシャンの多くは、ジャズというラベル自体も拒絶していたのです。「俺が演《や》っているのは音楽だけだ」、と。ジャズというカテゴリーに押し込む必要はないし、押し込まないでほしい、という姿勢です。

私はそういうジャズミュージシャンに倣って研究に挑んでいるつもりです。そして、これまでに世に出した著書は、予想外なほど「beyond category」扱いをされてきました。これは図書館や書店の扱いをみればわかります。たとえば、初めて書いたのは、『占領の記憶／記憶の占領』（青土社、二〇〇六年）という題名で後に邦訳されたものです。アメリカ占領時代が、日本と沖縄の文学作品においてどのように描かれたかという純粋な学術書で、これで日本文学の博士号を取ったのですが、アメリカの大学図書館に行くと「歴史書」になっています。その次の『戦後日本のジャズ文化』は文化史――歴史なのかと思ったら、今度は音楽書の扱いです。続く居酒屋についての最初の著作は、「呑めば都」といいますし、都市研究のつもりですが、ガイドブックでしょうか（笑）。写真は一点もないし、三十五ページの注がついているにもかかわらず、そういう見方をする人もいるようです。ジャズミュージシャンが同じ即興演奏を二度と繰り返してはいけないと同様に、研究者として私は著者の課題を次々変えていき、同じテーマのものを求めている読者の期待を常に裏切っているので、図書館や書店のそういった扱いは当然の報いなのかもしれません。

最近はマーシャルアーツについて研究し始めましたが、これはだいぶまえからやりたかったし、もう一つの課題である戦後日本ジャズ研究も、ジャズ音楽やその歴史ではなく、ジャズを通しての文化受容の問題だと認識しています。つまり、私の中では、日本のジャズ文化も、アメリカでのアジア発祥のマーシャルアーツ文化も、実は似たような課題設定だと思っています。すなわち、どういう過程で普及しながら変容をとげて、自文化の中に定着していったか、という同じようなテーマなのです。ジャズとマーシャルアーツ、それぞれの文化はまったく対極にあるように思われるかも知れませんが、私の中では、こういった個別のテーマが、すべてつながっているのです。

＊

さきほどお話ししたように、私に研究者として、大学教員として、何ができるかはごく限られていると思っていますが、世の中を大きく変えるような存在としてではなく、地味に、少しずつ、ちょっとした刺激を与えたり、良い影響を及ぼしたりすることができればと思っています。それを目指す過程で指標となる事柄を、ジャズミュージシャンたちの心得を念頭に入れながら、自分なりにまとめてみたので、簡潔に語っておきます。

私がジャズピアノを習い始めたとき、といっても先生には一年しかついていないのですが、最初のレッスンで言われたのは、とにかく将来は、自分のスタイルを築いていかなければならない、ということでした。これはミュージシャンとして重い課題ですが、ジャズでは常識で、最も厳しいところでもあります。一人ひとりが、はっきりと、他のすべての人と違うような音楽世界を築き上げなければ、どんなに卓越した演奏を披露しても認められない、というのが現状です。ジャズにはヴォーカル曲もありますが、基本的には器楽の音楽なので、テクニックがかなり必要とされます。そしてそれはもちろんですが、どんなに技能的に卓越していても、その人らしさ、ちょっと聴いただけで「ああ、彼だ。彼女だ」という、その人の「声」がはっきりと聞こえて来ることが求められる音楽なのです。

私と同世代であれば、ジャズに夢中になった時期がある人は少なくないと思いますが、たとえばマイルス・デイヴィスは、非常に間《ま》を大事にするミュージシャンで、音数は最小限でも表現は最大限です。もう二、三秒その音色を聴くだけで、「ああ、これはマイルスだ」というのがわかります。ですから、彼が共演者を選ぶさいには、必ず自分と対極的なスタイルのテナーサックス奏者を呼び寄せます。ジョン・コルトレーンとの相性が良かったのは、ふたりがまったく違う美学を同じバンドの中で追求して、それがそのバンドの深みと広さ、重層性を形成していくからです。そのバックをベースやドラム、ピアノなどのリズム・セクションが支えます。ピアニストのレッド・ガーランドはとても軽快なノリで、聴いていて「本当に即興か?」と思わせるほど、事前に作曲されたようなまとまりのある演奏を聴かせます。

彼が辞めたあとにバンドに入ってくるのが、ビル・エヴァンスです。ご存知の方も多いでしょうが、彼はドビュッシーやラヴェルをはじめとするフランス印象派の作曲家、あるいはピアノの和音を導入して、新たな音色《おんしょく》をバンドに持ち込みます。これが一種の革命を起こしてしまうのです。ビル・エヴァンスがいなければ、ハービー・ハンコックもいないと断言してもいいのですが、彼らのような記名性の高いミュージシャンによって、バンド全体の音が変わるのです。ただしエヴァンスはハーモニーやタッチが美しく、リズムで曲を前進させるようなリズムプレイヤーではありません。その彼にかわってバンドに加入するのが、ウィントン・ケリーです。彼はエヴァンスほど和音が繊細ではないかもしれませんが、ガーランドのよりもっと重心があってスウィンギーなリズムを、バンドに持ち込みます。

マイルスのバンドは、五〇年代半ばから六〇年代半ばまでの十年間にメンバーが次々と入れ替わるし、そのたびに同じ曲を何度も録音しています。《枯葉》、《オール・ブルース》をはじめ、同じ曲の録音を残していますが、当然、同じようには演奏することはありません。メンバー交代だけではなく、いつ演奏したか、ということでも変化していくことがわかります。

そこから、私は、いまも自分に課している教訓を得ました。というのも、マイルスは、ジャズの世界の中でもっとも成功を遂げた時期があったにもかかわらず、けっしてそのうえにあぐらをかかずに、むしろ自分が確立していった成功のパターンを自分自身で崩していくんです。それが場合によっては自滅に結びつくかも知れないけれども、本人は自分に対して常に厳しい認識を持っていたわけです。そこは学びたいですね。マイルスは毒舌家としても知られていて、後にジョン・コルトレーン・カルテットのピアニストをつとめたマッコイ・タイナーについて、こう語ったことがあるそうです。このマッコイ・タイナーもきわめて独自なピアノ奏法を築きあげて、いちご聴いてしまえば、すぐにわかるような素晴らしいミュージシャンです。その彼が、マイルスに言わせると、「マッコイというやつは良かったけれども、最近のマッコイはマッコイの真似をしているようにしか聞こえない」と。面白い発言ですよね。つまりマッコイは自分が築き上げた独自のスタイルにはまり過ぎてしまって、自分で築き上げた自由なスタイルに自縄自縛されている、というわけです。これは難しい問題です。

＊

われわれのような研究者も、ちょっとそのバリエーションを変えただけで満足することがあります。それが楽でやりやすい。たとえば、さきほどご話題になった「カルチュラル・スタディーズ」も、七〇年代後半から八〇年代にかけて一世を風靡して、非常に新鮮だったのですが、それもマッコイと同じようになりかねない時代が九〇年代に訪れました。私が遅れて大学院に入学したのとほぼ同時期でした。そうすると、何を研究対象にしても研究する前から結論ありきになるし、そうなるとこれも本当の研究ではありませんよね。先日、ある学生の卒業論文を指導していたさいに、「そのー、私は最初からこういう結論になると仮定していたんですが、えー、そういう結果にならなかったんです。困りました」と言うのです。いや、それが良い研究だよ、と（笑）。最初から結論がわかっていたらつまらないに決まってるじゃないか。勉強なんかする必要がないじゃないか。これが勉強なんですよね。ともあれ、そうやって自分が築き上げ、結果が出たものを解体して新たな領域を開拓していく。それがマイルス・デイヴィスの最大の成果であり、素晴らしいところです。

ジャズは、一九三〇年代にはアメリカを代表する大衆文化でしたが、現在ではむしろアメリカのクラシック音楽という位置づけなので、一概には言えないと思うのですが、これを口承文化といっていいのか、音楽を言語にたとえる例が少なくありません。

たとえばサックス・ソロのとき、ただパラパラと音を並べ立てるのではなく、そこに意味が求められ、一つの物語に構築していくわけです。物語ということは、ある構造があり、流れがあり、そしてロジックがあるわけです。そうしたソロの美学とでもいうべき物語が、ジャズには求められます。

それと同時に、今回のテーマにもつながってきますが、インサイドとアウトサイド、どこから見ているのか、が問われることになります。コード進行や小節の通りに演奏して、違和感のないハーモニーしか選ばずに演奏することがインサイドといえます。コードに拮抗しない音を選ぶのですね。ところが、フリージャズが現れるようになって、あるいは少しさかのぼってビ・バップというモダンジャズが最先端だった一九四〇年代の音楽が何をやっているかというと、聴衆が聞き慣れたハーモニーから逸脱するような音を、わざと少し入れるのです。そうしたアウトサイドを演奏していると、インサイドがなくなってしまう。音によっては一種の弁証法的な関係になってしまいます。だからハービー・ハンコックやチック・コリアのようなそれを上手にこなすミュージシャンは、メロディがあって、コードがあって、即興演奏をしながら、緩急をつけてインサイドとアウトサイドの出入りを遊んでいることになります。それがあまり行き過ぎてしまうと不安にもなるわけだけど、インサイドばかりでも退屈です。

では、このアウトサイドで演奏する、研究する、文章を書くということはどういう意味なのでしょうか。それによってどういう効果がもたらされるのかと言えば、どのような媒体であれ、それまでの表現の限界が少なからず伸びます。それまでは不協和音に聞こえていたとしても、次第に耳が慣れていくし、それにつれて不協和音が一種の調和を生み出すことになります。ということは、それだけ表現の幅が広がったということなんですね。わたしは研究ということでもそうあってほしいし、それをめざしたい。

＊

私自身は自分をポピュラー・カルチャーの研究者だと認識していません。漫画も読まないし、アニメも見ないし、テレビも十年以上持っていません。ところがいまアメリカでもっとも日本文化を勉強したい人たちのテーマは、ほとんどが漫画とアニメです。日本文学を学びたい人など皆無に近いか、せいぜい村上春樹と吉本ばななぐらいです。しかし、アウトサイドによってその世界でも表現を広げることができるし、研究対象自体を広げて、対象にとらわれずに研究できるようになるはずです。ポール・ボウマンという優れたブルース・リー研究者がウェールズのカーディフ大学にいて、彼がカルチュラル・スタディーズの、良い意味での第一人者のひとりなのですが、「何か」を研究対象にするのではなく、「何が」言えるのかが大切だと思います。わたしたち日本語を外国語として勉強している人間はしばしば「日本語が上手ですね」と言われますが、誉められた気分はしないんですよね（笑）。話すことそれ自体ではなく、何が言えるかが問題なのです。

同じように、こういった表現の幅、研究対象の幅、研究するときに発信する言語の幅のことを考えざるを得ないのです。私がこの十年の間に刊行した本で何を心がけているかというと、学術的な研究を単純化せずに、どうやって学術的な領域にいない人たちに面白く読ませるか。このことを自分の課題にしています。ですから、最近は変な本ばかり書いているように見えて、しばしば「エッセイなのか研究書なのかわからない」と言われますが、その反応をありがたく思っています。歴史書なのか文学なのか、文化史なのか音楽書なのか、都市論なのか単なる飲み歩きの回顧録なのか。エリントンの唱えた「beyond category」を実行すると、受容する側の迷いを誘発することでもあります。しかし、そのような「迷い」を歓迎すべきものだという考え方もあります――歴史と文学との境界線はいったいどこに見いだせるのかと自問することによって、それぞれの分野またはジャンルの特徴と共通点にいっそう敏感になり、そもそもどのカテゴリーを用いても、しょせん恣意的であることに気づかずにいられなくなるからです。その意味では、私が研究者としての自分に課しているのは、ジャズミュージシャンの先輩たちの、次のような心得なのです。いわく、「失敗してもいいから、追求する内容にせよ表現にせよ、より自由な姿勢をめざして、どんどん冒険せよ」。

第八章

日本のポピュラー音楽をどうとらえるか

——グローバルとローカルの狭間で

東谷護

大衆音楽、流行歌、ポピュラー音楽、その隣接領域としての漫画、アニメなども含めて、非常に価値が低い。そういったものは、少なくとも大学で研究するに値しない。そういう「呑気」な時代がひさしく続きました。ところが二十世紀末ぐらいに多くの分野でパラダイムシフトが起こって、幸か不幸か、ポピュラー音楽についても学術研究の場に取りあげることができるようになりました。

しかし、日本の大学制度の中でポピュラー音楽の研究を真正面から迎えてくれるポストは少ないわけですね。そのために専任教員に就かれている研究者は、他の何かを教えながらポピュラー音楽研究を進めている、というのが現状です。ただ、大学院生にはポピュラー音楽を研究対象とする人がかなり増えて来ました。そうこうするうちに幸か不幸か「クール・ジャパン」という言葉が登場して、大学の現状とは違うことが世の中では起こりつつあったわけです。

いま、どちらかというとポピュラー音楽を学術的に研究する方を擁護するような発言をしたわけですが、自戒を込めて言うと、流行り廃りがあるもののうち、「流行り」の部分にだけ目を付けた研究は確かに多い。研究者の間では、ちょっと悪口めいて言うと、「なんちゃって研究」等々と、研究もどきの扱いをされることもあります。これはわれわれポピュラー音楽研究の分野にも当然あります。

ここは学問の場ですから、いまあえて「学術」研究という言い方をしましたが、誤解をしないでほしいのは、たとえば音楽評論や趣味でレコードを集めるといった行為を否定しているわけではありません。それらは学術とは違う点において立派な「研究」です。ポピュラー音楽の場合の面白さというのは何かというと、誰しもが楽しめて、誰しもが何らかの蘊蓄をたれることもできるし、その対象の熱狂的なファンであっていいことですよね。具体例をあげればジャニーズなんか典型的です。戦後の日本文化を説く時に、ジャニーズは避けて通れないと私は真面目に考えています。小学生だと、友達との付き合いのなかでジャニーズを避けるのは難しいでしょう。そういったものを無視する研究は、自分たちの日常を考えても意味がありません。だからといってそうした流行り廃りだけをみていけばいいのかというと、それも難しい。では、どのようにポピュラー音楽について、どう捉えればいいのか。あまりにも広すぎるテーマなのですが、ここでは歴史的な視点を持った研究に、焦点を当てて話してみます。

＊

ここでは、私がすでに書籍などで発表した研究なども取り上げながら、ポピュラー音楽を研究対象としたときの歴史的視点を持った研究とはどういうものなのかについて、紹介してみたいと思います。

私はテレビアニメの『サザエさん』に注目したことがあります。『サザエさん』は長期にわたって視聴率も高く、誰しもが知っていると言って過言ではないでしょう。たとえばその『サザエさん』のテーマ曲が流れて来て、それを『サザエさん』の文脈を全く知らない日本で暮らしたことのない人に聞いてもらうと、おそらく、ビッグバンドのジャズだとこたえると思うんですね。ところが、長年日本で生活してきたある世代以上の人たちは、そういう耳を持っていないでしょう。おそらく「アニメの主題歌だろう、サザエさんだろう」、「日曜日じゃん、六時半じゃん」と捉えるはずです。この曲が作られた一九六〇年代後半をみていくと、その後、日本の七〇年代の歌謡曲やヒット曲の王道になっていく筒美京平が精力的に作曲活動を開始しています。その筒美京平は、青山学院時代にビッグバンド、あるいはジャズに傾倒していたそうです。

なぜ、こういったビッグバンドのサウンドがいきなり出て来たのかというと、そこには戦前の陸軍や海軍の軍楽隊からの流れがあるのです。平和だと思われているポピュラー音楽は、じつは戦争と結びついているわけですね。つまり、軍隊に付属している軍楽隊の中でも、吹奏楽という形式が戦後も守られていくわけです。

第二次大戦後の占領期には、アメリカ軍が日本のあちこちを接収して、その中に娯楽施設として米軍のクラブを作ります。そこで演奏させるからといって、わざわざ現地からアメリカ人ミュージシャンを連れて来るわけにはいかない。であれば、日本人のミュージシャンに演奏をさせようということになったのです。ところが、そう簡単に演奏ができるわけはない。というのも、第二次世界大戦中には、いうまでもなく対戦国アメリカの音楽は敵性音楽だったので、一般には聴くことができなかったからです。日本でのジャズの発展は、この一時期止まってしまったのでした。

そこで役立ったのが、軍楽隊出身者です。軍楽隊出身者のなかには、戦争が終わった後に、ジャズなどの演奏経験がなくてもこの米軍クラブで演奏するようになった人がいました。見よう見まねで……生計のためもあったと思います。あるいは他にも基地は金になるということで、学生はむろん、楽器演奏の経験がない人までもが米軍クラブに集まり始めました。そこに、ナベプロやホリプロを創設していった人もいました。その後、それらは日本有数の芸能プロダクションになっていきます。テレビがない時代でしたから、一九五三年以降のテレビ文化に入っていく時に、歌謡曲をはじめとする音楽番組が、彼らによって作られていきました。あるいは大晦日の「紅白歌合戦」も長いあいだ紅組のバンド、白組のバンドというのがあって、その指揮者たちは軍楽隊出身でした。そういう歴史が近年あきらかになってきているわけですね。

そうやって長いスパンの線で結んでいくと、どうやら戦後にロックやフォークソングなどが海外から入ってくる以前から、グローバル・スタンダードとしてのアメリカのヒット曲というものの威力は、相当なものだったと言えるようです。それはけっして日本独自のものではないのです。たまたま歌謡曲やヒット曲という文脈でだけみると、アイドル好きなただの陽気なオタクのお兄さんが出てくることとなってしまうのかもしれませんが、長いスパンで見て行くと、そうやって非常に面白いことがわかるのです。

これらの詳細については、『マス・メディア時代のポピュラー音楽を読み解く――流行現象からの脱却』(勁草書房、二〇一六年)に、また占領期にオフリミット空間での音楽実践がどのように行われていたのかについては、『進駐軍クラブから歌謡曲へ――戦後日本ポピュラー音楽の黎明期』(みすず書房、二〇〇五年)に著したので、ぜひ目を通してみてください。いずれも音楽「外」のものと音楽「内」のものを、有機的にみていくことができるのではないかと考えた成果です。

これまでの音楽に関する研究も変わってきましたが、おそらく音楽研究を専門としないの方の多くがイメージする音楽研究や芸術研究と言えば、作家論や作品論が多いのではないかと思います。最近はかならずしもそうではありませんが、まだまだそういう研究は少なくありません。もちろん、ポピュラー音楽を扱ったものでも、作家や作品だけを見ていくものがありますが、ポピュラー音楽、あるいはポピュラー音楽文化といったものを考察する時の視点として重要なものになってくるのは、そうした伝統的な作家論作品論に固執しない、ということなのです。「作品」という概念ではなく、「テクスト」という概念をもってくることによって、「作り手、送り手」と「聞き手、受け手」を同格に並べることができます。これらをモデル化してみると、「プロダクション（Production）」――「テクスト（Text）」――「オーディエンス（Audience）」となります。つまり、作品とか作家だけをみるのではなくて、それを囲む状況、音楽文化といったものを長いスパンで見ることによって、面白いものがみえてくるのです。

＊

このように、ポピュラー音楽を楽曲だけでなくそれを取り囲む様々なものや状況もふくめて意識しながら、メディアや地域との関係についても視野にいれてみる必要があるでしょう。

ポピュラー音楽といえば、英米のポピュラー音楽がグローバルスタンダードとして一般に認識されているのではないでしょうか。たしかに、テレビ、インターネット、レコード、CD、DVDといったメディアにのって流行っている音楽、あるいは典型的なものはヒット曲ですが、いわゆるヒットチャートの上位ともあれば非常に目立ちますし、それらはポピュラー音楽と言えると思います。では、そうではないものとはどういうものなのか？　さらに言うと、ＣＤショップに行けば、あるいはiTunes Storeなどのサイトにアクセスすればわかると思うのですが、「ポップス」といわれたり、今だと「J-POP」という言い方をされたりしますが、かつてなら「ポップス」と言ったものの対になるものとしての「ポップス」なり英米のヒット曲があります。それらを「ポピュラー音楽」と総称していました。こうしてみてみると、これらはまさにグローバルスタンダードと言えるでしょう。

ところが、落ち着いて考えてみると、別にそう言えないものも少なからず存在します。たとえば、ある地域、あるコミュニティー、あるいはそれこそ日本だけで流行っている大ヒット曲もあるわけです。それらに優劣をつけるわけではないですが、なぜか欧米発のヒット曲の方が――別に偉くもないはずなのに――優れているような捉え方をされているのではありませんか。

そうすると、では、ポピュラー音楽とは何でしょうか。この問いは非常に複雑ですが、先ほど私の進めてきた研究を基にお話しした内容は、同時代的なものよりは少し長いスパンで、歴史的な視点で考えてみたものです。比較的、グローバルでも歴史的な視点でポピュラー音楽を捉えるという方向性で話を進めたのですが、それに対して、つまりグローバルスタンダードと称しているポピュラー音楽が存在する一方、ローカルな場所にもポピュラー音楽的なもの、流行っているもの、あるいは自分たちだけでも楽しんでいる音楽なるものがあると思います。「と思う」というよりは、事実として存在します。そういったものを、ただ事例研究として終わらせるというのでは、ちょっと面白くありません。そうした事例研究の先にいきたいわけです――グローバル的なものを意識しながら。

こうしたことを踏まえて、グローバル状況下でローカルアイデンティティ（地元愛）を持たせていく際に何が必要なのか、あるいはどういったものをみてとることができるのか、次のような分析軸を考えてみました（左図）。

「分析軸」と言いましたが、一つの見方として考えてください。まだきちんと精査しているものではないので、ポピュラー音楽におけるローカルアイデンティティを捉えるためには、どう考えていくのか、という叩き台です。

それでは、みていくことにしましょう。非日常は確かに「ハレ」になりますが、「ハレ」の日といえば「結婚式日和ですね」となってしまうので、ここでは特に「日常」「非日常」よりは、「正常」「異常」ということばで考えたいと思います。たとえば近年だと震災のような社会的な危機の場合もあるし、あるいはもしかしたら人生の中で、こうしたイレギュラーな事件には出会うことなく一生を終える人もたぶんいると思うんですね。大きな戦争や災害の類いのものに遭わないというのは非常に幸せだと思うのですが、残念ながら、こういう事態に出くわしてしまうことも避けられないでしょう。

こうした「非日常」「異常」という状態ではなく――ここでは「異常」に対して「正常」と記しましたが――「日常」的な状態でポピュラー音楽のローカルアイデンティティというものを考えると、こうして大きく分けた時に、「人」の存在が際だってくるのではないかと思います。

とりわけそれは「情熱家」の存在です。たとえば、ものすごく一生懸命に自分たちの地域にいろんな音楽を紹介すると。それは以前だったら……もうかなり古い例で申

ポピュラー音楽にみるローカルアイデンティティをとらえるための分析軸

<table>
<tr><th colspan="3">分析軸</th></tr>
<tr><td rowspan="4">日常
（正常）</td><td rowspan="2">人
（情熱家）</td><td>地域アイデンティティ主導型</td></tr>
<tr><td>音楽アイデンティティ主導型</td></tr>
<tr><td rowspan="2">システム
（メディエーション）</td><td>場所主導型</td></tr>
<tr><td>メディア主導型</td></tr>
<tr><td>非日常
（異常）</td><td>社会的危機</td><td>災害・戦争</td></tr>
</table>

しわけないのですが、労音をはじめとする団体に入って、しかも幹部になるのでもなく地道にいろんなアーティストを地域に呼んで来る。あるいはそういう団体にも所属しないで、在野で音楽活動をしたり、他で音楽活動をしている人を呼んで来たりする人がいました。最近でも、芸術音楽や小さなコミュニティーでは、ポピュラー音楽といってもさほどヒットしていなくても様々なイベントを開催したり、そういったイベントの仕掛け人としてサポートをしたり、そういった「情熱家」がいることによって、いろんなものや可能性が成り立っているのではないでしょうか。

そのとき、地域のコミュニティーを重視している場合を、「地域アイデンティティ主導型」と呼ぶことができるでしょう。その例を、拙編著『ポピュラー音楽から問う――日本文化再考』（せりか書房、二〇一四年）に収録されている拙論にも書いたのですが、私のフィールドの一つである岐阜県中津川の場合にみることができるのではないかと思います。一方、それらとは違って、もう音楽一本で、音楽を通じて、音楽そのものを中心にしていく、あえて言えば「音楽アイデンティティ主導型」と呼べるようなケースがあります。

こういった「情熱家」の存在とはまた別に、メディエーション――メディアなどをつないで、それを重視することでローカルアイデンティティが保たれ、目立っていく、という場合もあります。たとえば、「場所主導型」になると、さきほどご申しあげた米軍基地の中のクラブなどは、そういった「場所」の一つではないかなと思います。そこでの音楽の受容と消費のされ方、あるいはどうやってオフリミットの外に出たのか、など様々な視点が生まれています。そして、「メディア主導型」の場合、これは典型的なものとしてはマス・メディアに関わるものですが、いわゆるポピュラー音楽とテレビやCD等といったもののもっと先にあるものを重視するわけです。最近だとインターネット環境なども無視できませんよね。

こうした分析軸はあくまで一つの見方ですので、これが全てではありません。むしろこれから議論を深めていかなければならないでしょう。捉え損ねている点も結構あります。たとえばメディエーションだって、「いや、情熱的なプロデューサーがいるじゃないか」と指摘されたらその通りですので、これはあくまでも一つの見方、議論の叩き台だと思っておいてください。

＊

私や私と比較的近いところで研究を進めてきた仲間が「学術研究」と称していることについても、あらためて考え直す必要があるのではないか、ということは指摘しておきたいと思います。つまり、私たちの進めてきた学術研究には偏りがあったのではないかと思うのです。それは、一言でいってしまえば、アメリカナイゼーション的なものの見方に偏ってしまっている、ということに尽きます。せめて近隣の東アジアの方に目を向けるだけでも、視野は広がっていくのではないか。

ただ、なぜアメリカナイゼーション的なものの見方になったのかということについては、これまでお話させていただいたように、日本のポピュラー音楽を広い文脈で歴史的に捉えてみるとき、必然的にアメリカを意識せざるを得なかった、ということがあります。ですから、まだまだ私たちにはやることが残っている、ということになります。視野を広く持ちながら、ポピュラー音楽を手がかりに新たな文化論の構築を目指して参ります。

参考文献

第一章　女子プロレスラーはいかにマイクを持つに至ったのか

阿久悠（1993）『夢を食った男たち』毎日新聞社

五島雅樹（1997）「〝昭和の〟プロレスレコード史」、『シンコー・ミュージック・ムック　悶絶！　プロレス秘宝館』シンコー・ミュージック

亀井好恵（2000）『女子プロレス民俗誌――物語のはじまり』雄山閣

古茂田信男＋島田芳文＋矢沢寛＋横沢千秋（1995）『新版　日本の流行歌史』（中、下）社会思想社

永岡正直（2001）「第十回プロレス文化研究会発表資料」

トンプソン、リー（1986）「プロレスのフレーム分析」、栗原彬ほか『身体の政治技術』新評論

占領軍調達史編さん委員会事務局（1957）『占領軍調達史――部門編Ⅰ』調達庁総務部総務課

滝大作（1986）『パン猪狩の裏街道中膝栗毛』白水社

東谷護（2005a）『進駐軍クラブから歌謡曲へ――戦後日本ポピュラー音楽の黎明期』みすず書房

――（2005b）「女子プロレス興行にみる音楽の使われ方」小田亮＋亀井好恵『プロレスファンという装置』青弓社

内田晃一（1997）「米軍ショーに登場したショー・アーティスト」、『Jazz World』ジャズワールド

第二章　「プチ本物主義」のすすめ

Accademia Italiana Della Cucina［The Italian Academy of Cuisine］（2009）*La Cucina: The Regional Cooking of Italy.* New York City, New York: Rizzoli.

Atkins, E. Taylor（2001）*Blue Nippon: Authenticating Jazz in Japan.* Durham, North Carolina: Duke University Press.

アトキンズ，E・テイラー（2010）「『国のためのジャズ』――戦時日本の新文化体制へ向かって」［"Jazz for the Country's Sake"：Toward a New Cultural Order in Wartime Japan］，宮脇俊文＋細川周平＋モラスキー，マイク『ニュー・ジャズ・スタディーズ』アルテスパブリッシング

Bryant, Clora et al.（1999）*Central Avenue Sounds: Jazz in Los Angeles*. Oakland, California: University of California Press.

Condry, Ian（2006）*Hip-Hop Japan: Rap, and the Paths of Globalization*. Durham, North Carolina: Duke University Press.［上野俊哉（監訳）田中東子＋山本敦久（訳）（2009）『日本のヒップホップ：文化グローバリゼーションの〈現場〉』NTT出版］

Davis, Francis（2002［1995］）*The History of the Blues*. Boston, Massachusetts: Da Capo Press.

Derschmidt, Eckhart（1998）"The Disappearance of the "Jazu-Kissa"：Some Considerations about Japanese "Jazz-Cafés" and Jazz Listeners," Linhart, Sepp and Sabine Frühstück (eds.) *The Culture of Japan as Seen through Its Leisure*. Albany, New York: State University of New York Press.

Driggs, Frank and Chuck Haddix（2006）*Kansas City Jazz: From Ragtime to Bebop*. Oxford, Oxfordshire: Oxford University Press.

Fox, Aaron A.（2004）*Real Country: Music and Language in Working-Class Culture*. Durham, North Carolina: Duke University Press.

Gentilcore, David（2010）*Pomodoro! A History of the Tomato in Italy*. New York City, New York: Columbia University Press.

Gioia, Ted（1997）*The History of Jazz*. Oxford, Oxfordshire: Oxford University Press.

Grazian, David（2003）*Blue Chicago: The Search of Authenticity in Urban Blues Clubs*. Chicago, Illinois: University of Chicago Press.

Hersch, Charles B.（2007）*Subversive Sounds: Race and the Birth of Jazz in New Orleans*. Chicago, Illinois: University of Chicago Press.

細川周平（2007）「ジャズ喫茶の文化史　戦前篇――複製技術時代の音楽鑑賞空間」，『日本研究』第三十四集

Katz, Mark（2004）*Capturing Sound: How Technology has Changed Music*. Oakland, California: University of California Press.

Kenney, William Howland（1999）*Recorded Music in American Life: The Phonograph and Popular Memory 1890-*

1945. Oxford, Oxfordshire: Oxford University Press.

Lindholm, Charles（2008）*Culture and Authenticity*. Hoboken, New Jersey: Blackwell Publishing.

モラスキー、マイク（2005）『戦後日本のジャズ文化』青土社

――（2010）『ジャズ喫茶論』筑摩書房

――（2014）『日本の居酒屋文化』光文社新書

Palmer, Robert（1982）*Deep Blues: A Musical and Cultural History of the Mississippi Delta*. Westminster, London: Penguin Books.［五十嵐正訳（2000）『ディープ・ブルース』シンコーミュージック］

Peretti, Burton（1992）*The Creation of Jazz: Music, Race, and Culture in Urban America*. Champaign, Illinois: University of Illinois Press.

Peterson, Richard A.（1997）*Creating Country Music: Fabricating Authenticity*. Chicago, Illinois: University of Chicago Press.

リチャーズ、ラリー（1992）「戦前の日本のジャズ音楽」（修士論文、東京芸術大学）

Root, Waverly（1977）*The Food of Italy*. New York City, New York: Vintage Books.

Small, Christopher（1998）*Musicking: The Meanings of Performing and Listening*. Middletown, Connecticut: Wesleyan University Press.

Toya, Mamoru（1998）"Changes in conceptions of the 'authenticity' of Japanese folksongs: A case study of Tôru Kasagi," Mitsui, Tôru (ed.) *Popular Music : Intercultural Interpretations*. Kanazawa, Ishikawa: Graduate program in music, Kanazawa University.

Turino, Thomas（2008）*Music as Social Life: The Politics of Participation*. Chicago, Illinois: University of Chicago Press.

Wilkerson, Isabel（2010）*The Warmth of Other Suns: The Epic Story of America's Great Migration*. New York City, New York: Vintage Books.

吉田衛（1985）『横浜ジャズ物語――「ちぐさ」の五〇年』神奈川新聞社

米国国勢調査オンラインデータ（二〇一六年一月十日参照）

https://www.census.gov/population/www/documentation/twps0027/twps0027.html

http://www.census.gov/2010census/popmap/

http://quickfacts.census.gov/qfd/states/29/29510.html

第三章　一九六〇年代のフォーク的主体性

アドルノ、テーオドル・W（1979）三光長治訳『ミニマ・モラリア――傷ついた生活裡の省察』法政大学出版局

Adorno, Theodore（1973）*The Jargon of Authenticity*, trs. Knut Tarnowski and Frederic Will. Evanston, Illinois: Northwestern University Press.

Cohen, Ronald（2002）*Rainbow Quest: The Folk Music Revival and American Society, 1940-1970*. Boston, Massachusetts: University of Massachusetts Press.

Jay, Martin（2006）"Taking On the Stigma of Inauthenticity: Adorno's Critique of Genuineness," *New German Critique* 97, vol.33, no.1（Winter）:15-30.

片桐ユズル（1969）『うたとのであい――フォークソング人間性回復論』社会新報

――（1975）『関西フォークの歴史についての独断的見解』URCレコード

Mackie, Vera C.（2003）*Feminism in Modern Japan: Citizenship, Embodiment and Sexuality*. Cambridge, Cambridgeshire: Cambridge University Press.

岡林信康（1969）「俺とフォークソングの怪しい関係にかんする報告」、高石友也＋岡林信康＋中川五郎『フォークは未来をひらく――民衆がつくる民衆のうた』社会新報

――（1980a）「井上良介君へ」、田頭道登『岡林信康黙示録』三友会

――（1980b）「俺とフォークソングの怪しい関係にかんする報告」、田頭道登『岡林信康黙示録』三友会

――（1980c）「鳥飼さん、ゲリを治しに旅へ出ます！」、田頭道登『岡林信康黙示録』三友会

――（1982）『岡林信康の村日記』講談社

――（1987）『僕の歌の旅――ベアナックルレヴュー道中記』晶文社

――（2008）『あんぐら音楽祭――岡林信康リサイタル』ディウレコード

――（2011）『岡林、信康を語る』ディスクユニオン

シェークスピア、ウィリアム（1967）福田恆存訳『ハムレット』新潮文庫

Tagg, Philip（1982）"Analysing popular music: theory, method and practice," *Popular Music* 2. Cambridge, Cambridgeshire: Cambridge University Press.

鳥飼慶陽（1980）「岡林君、下痢を治そう」、田頭道登『岡林信康黙示録』三友会

東谷護（1995）『日本におけるフォークソングの展開――社会史的側面より』日本ポピュラー音楽学会ワー

キング・ペーパー・シリーズ3、日本ポピュラー音楽学会
辻俊郎（2001）『フォークソング運動——二十五年目の総括』新風舎
三井徹（1990）『ポピュラー音楽の研究』音楽之友社
執筆者不明（1969）「アングラフォークの担い手たち」、『朝日ジャーナル』九月七日号

第四章

戦前日本の音楽文化にみるヒエラルキーとデモクラシー

Atkins, E. Taylor（2001）*Blue Nippon: Authenticating Jazz in Japan*. Durham, North Carolina: Duke University Press.
福澤諭吉（2002）戸沢行夫編『福澤諭吉著作集　第4巻　文明論之概略』慶應義塾大学出版会
Gluck, Carol（1998）"The Invention of Edo," *Mirror of Modernity: Invented Traditions of Modern Japan*. Oakland, California: University of California Press.
権田保之助（1936）「流行歌の商品性と文化の問題」、『報知新聞』十月四日付
堀内敬三（1942）「大東亜戦争に処する音楽文化の針路」、『音楽之友』一月号
——（1998）『夢の交響楽——我が随想かくのごとし』音楽之友社
伊庭孝（1934）「現代の楽壇を衝く　上」、『読売新聞』三月十五日朝刊
Kasza, Gregory（1993）*The State and Mass Media in Japan, 1918-1945*. Oakland, California: University of California Press.
加藤善子（1997）「評論家と演奏家——戦前期日本における「楽壇」の構成」、『大阪大学教育学年報』第二号
——（2005）「クラシック愛好家とは誰か」、『クラシック音楽の政治学』青弓社
久米邦武（2005）水澤周訳注『現代語訳　特命全権大使　米欧回覧実記　第1巻　アメリカ編』慶應義塾大学出版会
村井沙千子（2011）「プロデューサーとしての堀内敬三——日本放送協会における洋楽受容拡大を目指した試み」、『東京藝術大学音楽学部紀要』第三十七号
中井正一（1932）「『壇』の解体」、『大阪朝日新聞』一月十九日～二十二日付
中村洪介（1987）『西洋の音、日本の耳——近代日本文学と西洋音楽』春秋社
——（2003）『近代日本洋楽史序説』東京書籍
小川原正道（2013）「ハーバード大学所蔵吉川重吉書簡について——知られざる日米交流の痕跡」、『尚友ブッ

クレット二五　吉川重吉自叙伝』尚友倶楽部
大澤聡（2015）『批評メディア論――戦前期日本の論壇と文壇』岩波書店
奥中康人（2008）『国家と音楽――伊澤修二がめざした日本近代』春秋社
Sand, Jordan (2012) "中流 Chūryū/Middling," *Working Words: New Approaches to Japanese Studies*. Berkeley, California: UC Berkeley Center for Japanese Studies (https://escholarship.org/uc/item/3rw380hc)（二〇一六年一月十三日参照）
佐藤道信（1999）『明治国家と近代美術――美の政治学』吉川弘文館
佐藤卓己（2002）『「キング」の時代――国民大衆雑誌の公共性』岩波書店
スミス、トマス・C（2002）大島真理夫訳『日本社会史における伝統と創造』ミネルヴァ書房［Smith, Thomas Carlyle（1988）*Native sources of Japanese industrialization, 1750-1920*. Berkeley, California : University of California Press.］
寺田博（2003）『時代を創った編集者101』新書館
東京芸術大学附属図書館（1974）『音楽取調掛時代――所蔵目録（3）』東京芸術大学附属図書館
東京芸術大学百年史編集委員会編（1987）『東京芸術大学百年史――東京音楽学編』音楽之友社
塚原康子（1993）『十九世紀日本における西洋音楽の受容』多賀出版
――（2009）『明治国家と雅楽――伝統の近代化／国楽の創成』有志舎
山住正己（1971）『洋楽事始』平凡社
吉川重吉（2013）『尚友ブックレット二五　吉川重吉自叙伝』尚友倶楽部
吉見俊哉（2010）「テレビを抱きしめる戦後」、『大衆文化とメディア』ミネルヴァ書房

あとがき

本書の起点は、成城学園創立一〇〇周年・成城大学文芸学部創設六〇周年記念事業の一環として、二〇一五年一月二十四日に開催された公開シンポジウム「ニホンから／へのまなざし」の冬期シンポジウム「日本文化に何を見た？」にある。

当初、シンポジウムの報告書という形で出版する予定だったが、刊行を引き受けてくださった出版社、共和国の下平尾直さんがその後の懇親会の席で、シンポジウムの内容を報告書の形でまとめるだけでは勿体ないので、講演者に論文を寄稿してもらって、二部形式にしましょうという提案をされた。ゲストとして登壇したモラスキー、ドーシー、永原の三名はその場で快諾し、シンポジウム当日にコーディネーターとして司会をした東谷は、シンポジウムで発表はしなかったが、書籍での発表には参加することとなった。そのため、第Ⅱ部のシンポジウムでの講演内容は、モラスキー、ドーシー、永原の三名はシンポジウム当日の発表を、東谷は成城大学研究機構グローカル研究センター主催のシンポジウム「日本のポピュラー音楽をごうとらえるか」(二〇一二〜一四年に三回開催)での発表を示すこととした。記念事業として企画された公開シンポジウムは、春と冬に開催されたのだが、統一テーマは先述した「ニホンから/へのまなざし」であった。春期シンポジウムでは、西洋美術史を専門とする日本人研究者が「ニホンからのまなざし」として西洋美術史をどのように見ているのかという内容であった(こちらの内容は、喜多崎親〔編〕『「西洋美術史を学ぶ」ということ』〔三元社、二〇一四年〕にまとめられている)。

冬期シンポジウムでは、「ニホンへのまなざし」をテーマとして企画することをコーディネーターの東谷に求められた。そこで、現代日本文化に関わる海外の研究者との交流を念頭にモラスキー、ドーシー、永原の三人に東谷が声をかけた。その折りにモラスキーから「また、外から見たニッポンというテーマでシンポジウムをするのか」と異議が唱えられた。もちろん私は、日本と海外という二項対立的な図式は考えてもいなかったので、モラスキーが統一テーマをみて文句をつけてくれたことを嬉しく思った。もちろん彼にきちんと企画意図を伝えていくなかで、誤解が解けたのは言うまでもない。おそらくお互いの著書をすでに読んでいたので、研究姿勢などを自然と理解していたのも功を奏したのだろう。また、シンポジウム前日に、本書の著者四名が顔合わせを兼ねて文字通りの「打ち合わせ」をしながら、各自の研究についてや近況のあれやこれやを話したのだが、いま、振り返ってみても、あれほご充実した時間を過ごしたのも久しぶりだった。そういう点においても、書籍という形で再会できたことは個人的に大変、嬉しく思う。

本書を世に送り出すまでに多くの皆様にお世話になった。出版を引き受けてくださった共和国代表の下平尾直さんをはじめ、原稿の校閲を手伝ってくださった小河原あやさん（成城大学講師）と高木敬生さん（成城大学TA）、出版助成をしてくださった成城大学、シンポジウム開催にご協力いただいた関係者各位、そしてシンポジウム当日に会場に足を運んでくださった皆様——この場を借りて御礼、申し上げます。

最後に、本書に目を通してくださった方々にとって、本書の各論文が研究のヒントとなることがあれば望外の喜びです。

冬将軍が我が物顔で歩く日に

東谷 護

著者紹介

東谷護 ……………………………………………………… Mamoru Touya

一九六五年生まれ。京都大学大学院人間・環境学研究科博士後期課程修了。博士(人間・環境学)。

現在、成城大学教授。専攻は音楽学、社会文化史。

著書に、『マス・メディア時代のポピュラー音楽を読み解く――流行現象からの脱却』(勁草書房)、『進駐軍クラブから歌謡曲へ――戦後日本ポピュラー音楽の黎明期』(みすず書房)などがある。

マイク・モラスキー …………………………………… Michael S. Molasky

一九五六年生まれ。シカゴ大学大学院東アジア言語文明学研究科博士課程修了(Ph.D.)。

現在、早稲田大学教授。専攻は日本の戦後文化史、日本近現代文学。

著書に、『戦後日本のジャズ文化』(青土社、サントリー学芸賞受賞)、『ジャズ喫茶論』(筑摩書房)、『日本の居酒屋文化――赤提灯の魅力を探る』(光文社新書)などがある。

ジェームス・ドーシー ……………………………… James Dorsey

一九六一年生まれ。ワシントン大学大学院文学科博士後期課程修了(Ph.D.)。

現在、ダートマス大学准教授。専攻は日本近現代文学。

著書に、*Critical Aesthetics: Kobayashi Hideo, Modernity, and Wartime Japan* (Cambridge, MA: Harvard University Press)など、訳書に、*No More Hiroshima, Nagasaki* (Tokyo: Nihon tosho sentaa)などがある。

永原宣 ……………………………………………………… Hiromu B. Nagahara

一九八一年生まれ。ハーバード大学大学院歴史学科博士後期課程修了(Ph.D.)。

現在、マサチューセッツ工科大学准教授。専攻は歴史学。

著書に、*Tokyo Boogie-Woogie: Japan's Pop Era and Its Discontents* (Cambridge, MA: Harvard University Press. 近刊)、『ポピュラー音楽から問う――日本文化再考』(共著、せりか書房)などがある。

日本文化に何をみる？

ポピュラーカルチャーとの対話

2016年3月20日初版第1刷印刷
2016年3月30日初版第1刷発行

著者
東谷《とうや》 護《まもる》＋マイク・モラスキー＋ジェームス・ドーシー＋永原《ながはら》 宣《ひろむ》

発行者
下平尾 直

発行所
株式会社 共和国 editorial republica co., ltd.
東京都東久留米市本町3-9-1-503　郵便番号203-0053
電話・ファクシミリ 042-420-9997
郵便振替 00120-8-360196
http://www.ed-republica.com

印刷 ……… 精興社
ブックデザイン ……… 宗利淳一
DTP ……… 木村暢恵

ISBN978-4-907986-19-3　C0070